8° V
4740

MUSÉE

DE LA VILLE DE BORDEAUX

AVIS

Le Musée est ouvert au public tous les jours de la semaine, à l'exception du lundi et du vendredi, de midi à cinq heures du 1er avril au 30 septembre, et de midi à quatre heures du 1er octobre au 31 mars. Le lundi, le Musée est rigoureusement fermé pour tout le monde, afin de nettoyer les galeries; le vendredi est réservé aux Étrangers et aux Artistes porteurs d'une carte d'étude délivrée par le Conservateur.

CATALOGUE

DES

TABLEAUX, SCULPTURES, GRAVURES, DESSINS

EXPOSÉS

DANS LES GALERIES

DU

MUSÉE DE BORDEAUX

PAR

ÉMILE VALLET

CONSERVATEUR DU MUSÉE,
CORRESPONDANT DU COMITÉ DES SOCIÉTÉS DES BEAUX-ARTS
DES DÉPARTEMENTS

Prix : 2 fr.

BORDEAUX

IMPRIMERIE G. GOUNOUILHOU
rue de Cheverus, 8, et rue Guiraude, 11

—

1881

AVANT-PROPOS

Quand nous avons entrepris la rédaction de ce catalogue, le public n'avait à sa disposition, depuis un assez grand nombre d'années, qu'un livret provisoire et insuffisant. Cette situation ne pouvait se prolonger sans de graves inconvénients, au moment surtout où la construction des nouvelles galeries touchant à sa fin, nos richesses artistiques allaient occuper pour la première fois un local digne d'elles et de la cité.

Nous nous sommes mis à l'œuvre avec la pensée que nous faisions une chose utile, avec l'espoir que, malgré l'imperfection à laquelle il faut toujours s'attendre lorsqu'il s'agit d'un catalogue de musée, il serait tenu compte de notre bonne volonté.

Les travaux de MM. P. Lacour, J. Delpit et O. Gué nous ont épargné souvent des recherches laborieuses et fourni d'excellentes indications. Aussi regardons-nous comme un devoir d'exprimer notre gratitude envers ceux qui, nous ayant précédé dans la même voie, ont rendu notre tâche moins difficile, et nous ont aidé à combler, par la publication de cet ouvrage, une lacune depuis longtemps signalée.

E. V.

NOTICE HISTORIQUE

SUR LE

MUSÉE DE BORDEAUX

Pour connaître l'origine des principaux Musées de la province, et particulièrement celle du Musée de Bordeaux, il faut remonter aux années qui suivirent immédiatement la Révolution française. L'esprit de réforme et d'innovations qui, à cette époque, modifia si profondément l'ancienne société, se fit sentir dans le domaine de l'art presque aussi fortement que dans le domaine politique. L'un des résultats les plus importants de l'activité qu'il suscita fut l'organisation du Musée du Louvre, où vinrent s'accumuler les œuvres d'art cédées par les traités ou provenant des palais et des églises. La province ne fut pas oubliée dans la répartition de ces richesses. Le 6 frimaire an VII (26 novembre 1798), Heurtaut de Laneuville, membre du Conseil des Cinq-Cents, proposa la création d'écoles de dessin et de peinture ainsi que l'établissement de collections publiques, destinées à répandre dans le pays entier le goût des études artistiques et à fournir aux grandes villes les modèles et les éléments d'enseignement qui leur manquaient.

L'exécution de ce projet fut ajournée. Plus tard, il fut repris par le premier consul, qui institua vingt-deux Musées départementaux. Ces Musées reçurent, de 1803 à 1805, environ neuf cents peintures. La ville de Bordeaux fut comprise dans cette distribution pour quarante-quatre toiles appartenant à différentes écoles. On déposa ces tableaux, en même temps que huit autres et deux bustes en marbre, ancienne propriété de la Ville, dans une des salles de la Bibliothèque, qui occupait une partie de l'hôtel légué par J.-J. Bel à l'Académie des Sciences et Belles-Lettres.

En 1805, un ancien orfèvre de Paris, originaire de Nantes, M. F.-L. Doucet, qui avait séjourné deux ans dans notre ville et s'y était lié avec M. P. Lacour, directeur de l'École de Dessin et conservateur du Musée, laissa entre les mains de ce dernier le capital d'une rente de cinq cents francs destinée à l'École de Dessin; il donna en outre à la Ville deux bustes en biscuit de Sèvres, quelques gravures et une collection de treize tableaux.

Cet acte de libéralité avait alors un très grand prix; car, à cette époque, le Musée de Bordeaux ne comptait qu'un petit nombre d'œuvres d'art. L'État a fourni les premiers éléments, qui ont servi à la formation de notre galerie : le nom de M. Doucet vient ensuite et ouvre la liste des donateurs qui l'ont enrichie. Nos concitoyens ne l'ont pas oublié.

Le souvenir de M. Doucet restera uni à celui de son ami M. P. Lacour, qui mourut le 28 janvier 1814, après avoir été, pendant de longues années, le représentant le plus actif, le soutien le plus dévoué de l'art à Bordeaux. Les services rendus par M. Lacour à l'École de Dessin et au Musée lui ont acquis des titres à la reconnaissance publique, et sa mémoire est entourée d'un respect mérité.

Vers la fin de l'année 1810, les soixante-cinq tableaux qui composaient le Musée furent exposés dans une des salles de l'hôtel de l'Académie, dont on avait modifié la disposition, de manière à pouvoir y installer l'École de Dessin, la Bibliothèque, le Musée d'Histoire naturelle et la galerie des tableaux.

En 1816, grâce aux démarches de M. de Gourgues, maire de Bordeaux, et de M. de Tournon, préfet de la Gironde, appuyées par M. Lainé, ministre de l'intérieur, le Gouvernement accorda pour la première fois au Musée de notre ville des tableaux acquis à la suite des expositions. L'année suivante, il fit un second envoi de peintures provenant de la même source. L'arrivée de ces œuvres d'art et l'insuffisance du local affecté au Musée eurent pour résultat le déplacement de l'un des plus précieux tableaux donnés par l'État en 1803, le *Christ en croix*, de Jordaens, qui fut déposé provisoirement dans l'église Saint-André. En 1819, une nouvelle distribution d'œuvres d'art ayant été faite aux Musées et aux églises de la province, cette composition fut échangée, par les soins de M. de Tournon et avec l'approbation du maire de Bordeaux, contre une *Sainte-Famille*, faussement attribuée à Andrea del Sarto, que la fabrique de Saint-André avait reçue en même temps qu'un tableau d'Allegrain représentant la *Fuite en Égypte*.

Peu de temps après, le Musée se ressentit du mouvement artistique provoqué par les expositions annuelles et des efforts faits en sa faveur par plusieurs hommes éminents appartenant à la Gironde. Quatre nouveaux tableaux furent attribués à notre Ville. Cet envoi fit reconnaître la nécessité d'agrandir le Musée où de transporter ailleurs notre collection. Vers la fin de l'année 1819, conformément à un vœu du Conseil municipal exprimé à la suite d'une proposition de M. de Gourgues, Louis XVIII autorisa la translation de nos œuvres d'art dans l'aile du Château royal donnant sur la rue Monbazon.

Pendant que s'exécutaient les travaux d'aménagement du nouveau local, le Musée reçut encore une collection de statues en plâtre d'après l'antique, plusieurs tableaux anciens et modernes, deux statues et un buste en marbre et, un peu plus tard, l'une des principales compositions du baron Gros, l'*Embarquement de la duchesse d'Angoulême à Pauillac.*

De 1820 à 1830, notre galerie s'enrichit d'un certain nombre de peintures achetées par la Ville ou données par l'État et les particuliers. Mais tous les détails de son histoire, pendant cette période, n'ont qu'un intérêt secondaire, si on les compare à l'événement dont nous allons parler : il s'agit de l'achat des deux cent soixante-cinq tableaux qui composaient la collection du marquis de Lacaze.

Sur la demande de M. de Montpezat, mandataire de M. de Lacaze, ces tableaux avaient été déposés dans l'une des salles du Musée. Malgré l'avis favorable du conservateur et le zèle déployé en cette occasion par le préfet, M. de Breteuil, et le maire, M. du Hamel, le mauvais état des finances de la Ville empêcha d'en faire l'acquisition.

M. de Lacaze qui, dans le principe, avait demandé 156,000 fr. de cette collection, offrit alors de la céder pour 80,000 fr. « Une Commission, prise dans le sein du
» Conseil municipal, dit M. J. Delpit ([1]), avait fait un
» rapport favorable à cette proposition, et demandait que
» la collection fût payée en huit pactes annuels de
» 10,000 fr. chacun. Mais le Conseil municipal, par une
» délibération du 28 juin 1822, refusa de conclure le
» marché à ce prix. Cette grande affaire fut donc ajournée,
» et ce n'est que neuf années plus tard que nous la verrons
» arriver à une solution..............................
» .... Le 5 octobre 1827, M. le marquis de
» La Bouillerie, ministre de la maison du roi, écrivit que
» S. M. Charles X, voulant donner à la fois un témoignage
» de munificence à la ville de Bordeaux et une marque
» d'intérêt à un serviteur dévoué, consentait à payer

([1]) M. J. Delpit a raconté avec beaucoup de conscience l'histoire du Musée de Bordeaux jusqu'à l'année 1855 (Introduction de l'ancien catalogue du Musée publié par MM. Lacour et J. Delpit). Nous avons trouvé dans son travail de précieux renseignements, qui nous ont servi pour la première partie de cette notice.

» 40,000 fr. sur sa cassette pour l'achat de la galerie de
» M. de Lacaze. Une nouvelle Commission fut nommée dans
» le sein du Conseil municipal, et conclut, le 28 novem-
» bre 1827, que la Ville ne pouvait pas encore accepter
» ce marché. »

Au commencement de l'année 1828, M. de Lacaze ayant réduit ses prétentions à 60,000 fr., le Conseil municipal donna enfin son consentement à cet achat. Quelques difficultés, dont l'objet avait peu d'importance, s'élevèrent au dernier moment ; mais, l'année suivante, la Ville fut mise en possession de cette collection qui avait coûté 159,174 fr. à M. de Lacaze, et qu'elle ne payait que 20,000 fr., grâce à la libéralité du roi Charles X.

Le nombre de nos œuvres d'art continua à s'accroître après 1830. Le Gouvernement donna une statue en marbre, *Eurydice*, par Legendre Héral ; une réduction en bronze du *Milon de Crotone*, de Puget, et plusieurs tableaux de grande dimension : le *Supplice d'Urbain Grandier*, par Jouy ; le *Dévouement du capitaine Desse*, par Gudin ; *Circé*, par Trezel, etc. La Ville, de son côté, fit des achats assez nombreux, mais en général peu importants.

Le développement du Musée s'accentua davantage encore de 1848 à 1860.

Nous ne pouvons, dans le rapide exposé que nous nous sommes proposé de faire, énumérer toutes les œuvres d'art qui sont venues successivement agrandir notre collection. Mais, parmi les événements qu'il importe de rappeler, l'établissement de la Société des Amis des Arts de Bordeaux, dont l'origine remonte à l'année 1851, mérite d'arrêter l'attention. L'œuvre entreprise par cette Société exerça une heureuse influence sur le Musée. Ses exposi- tions annuelles, où l'Administration municipale trouva souvent d'excellentes acquisitions à faire, les démarches de quelques-uns de ses membres auprès du Gouvernement, les dons qu'elle fit à la Ville, ont enrichi notre galerie d'importants ouvrages appartenant à l'école moderne. A côté des peintures anciennes que nous possédons, ces tableaux forment un groupe remarquable, un ensemble déjà imposant, dans lequel un certain nombre des artistes les plus distingués de notre époque sont représentés d'une manière vraiment digne de leur talent.

Nous voici arrivé au don le plus considérable qui ait été fait au Musée jusqu'à ce jour. En 1861, M. Duffour-Dubergier, ancien maire de Bordeaux, légua à la Ville les trente-sept tableaux qui composaient sa collection. Ils avaient été estimés ensemble 160,000 fr. Plusieurs d'entre eux étaient regardés avec raison comme des œuvres de grande valeur. Il suffira de citer le *Portrait de don Luis de Haro* et *Saint Antoine de Padoue en extase*, attribués à Murillo; l'*Ajax*, de Salvator Rosa; la *Danse de Paysans*, attribuée à Rubens; le *Paysage avec figures*, de Gaspre Dughet; un Lorenzo Credi; un Van der Neer, etc. « Ces » tableaux, dit M. O. Gué, avaient été légués en toute » propriété à la Ville; mais M. Duffour en avait laissé la » jouissance à son petit-fils; de sorte que de longues » années auraient pu s'écouler avant que le public eût été » appelé à en apprécier le mérite, si l'usufruitier avait » accepté le bénéfice de la réserve faite en sa faveur. Par » un sentiment de généreuse abnégation, dont nous devons » être reconnaissants, il y a renoncé, et la Ville a été mise » de suite en possession. »

Le 13 juin 1862, éclata un incendie qui détruisit une partie de l'Hôtel-de-Ville. Nos richesses artistiques ne furent pas gravement atteintes; mais il fallut les déplacer, leur chercher un abri, et, le 8 septembre de la même année, le Conseil municipal vota la construction d'une galerie provisoire dans le jardin de la Mairie. Les tableaux du Musée restèrent dans cette galerie jusqu'au mois d'octobre 1870.

A ce moment, notre pays courait les plus graves dangers : l'Est était envahi; Paris allait être assiégé; on craignait que l'ennemi n'arrivât jusqu'à Bordeaux, et nos œuvres d'art paraissaient mal protégées dans le local qui leur servait d'abri momentané. L'Administration décida qu'elles en seraient retirées et qu'on les placerait dans une partie isolée du Palais municipal. Malheureusement on ne put y mettre que les tableaux ne dépassant pas une certaine dimension. Le 7 décembre 1870, l'Hôtel-de-Ville étant occupé par les officiers de l'Intendance et de la garde nationale, un poële chauffé à l'excès mit le feu à de grandes toiles qu'on avait dû laisser dans les salons du rez-de-chaussée. Quelques-unes furent entièrement détruites, d'autres gravement endommagées. Les travaux exécutés par la suite ont réduit, dans la mesure du possible, l'importance du dommage causé à notre collection. Mais la plus précieuse de toutes les peintures atteintes par le feu ne put être sauvée : nous voulons parler de la *Chasse aux lions*, d'Eugène Delacroix; il ne reste aujourd'hui qu'un fragment de cette composition, qui était l'une des plus belles du Musée de Bordeaux.

Après cet incendie, les tableaux furent transportés dans la galerie de la terrasse du Jardin-Public.

De 1862 à 1880, le Musée a reçu quatre-vingt-dix-huit ouvrages. Parmi les dons des particuliers, nous rappellerons le legs de M. Fieffé Montgey de Lièvreville. Par testament du 26 juillet 1856, la Ville avait été instituée légataire universelle de la fortune de M. Fieffé. La succession comprenait un assez grand nombre de tableaux et un album de dessins. Cette collection fut déposée dans la salle de l'Orangerie du jardin de la Mairie, où elle resta longtemps; mais sur les réclamations des héritiers, le legs de M. Fieffé en faveur de la Ville fut réduit aux deux tiers par un décret du 10 mars 1862. En vertu de ce décret, qui leur attribuait un tiers dans la succession, les héritiers demandèrent à faire liciter les tableaux, et ceux-ci furent vendus aux enchères publiques le 27 mars 1873. La Ville fit l'acquisition du portrait de M. Fieffé, de huit peintures et de l'album de dessins.

Nous terminerons cette Notice en donnant quelques renseignements relatifs au nouveau Musée.

La pensée de construire dans notre ville un Musée

définitif est très ancienne. Il serait difficile de faire une énumération complète de tous les projets qui ont vu le jour et ont joui quelques instants de la faveur du public. Mais c'est surtout à partir de l'incendie de 1862 qu'on reconnut la nécessité de prendre une décision.

Le 24 novembre 1862, l'Administration présentait au Conseil municipal un projet de construction d'un Musée sur les bas-côtés du jardin de la Mairie ; soumis au Conseil général des bâtiments civils, le plan proposé fut l'objet de critiques qui portaient plutôt sur le monument lui-même que sur le choix de l'emplacement ; on ne chercha pas alors les modifications qui pouvaient y être apportées, et la question fut, pour quelque temps, abandonnée.

Deux ans plus tard, M. H. Brochon étant maire de la Ville, parut le grand projet de construction d'une Bibliothèque et d'un Musée sur les Quinconces. Après de vives discussions, ce projet fut rejeté par le Conseil municipal dans la séance du 6 juin 1864.

Plusieurs emplacements ont été ensuite proposés, mais sans résultat.

C'est à la suite de ces tentatives infructueuses que l'administration de M. E. Fourcand revint à la pensée qu'on avait eue primitivement de construire un Musée dans le jardin de la Mairie, et fit dresser par l'architecte de la Ville, M. Ch. Burguet, de nouveaux plans, dans lesquels on avait tenu compte des observations présentées par le Conseil général des bâtiments civils.

L'administration de M. de Pelleport-Burète, qui succéda à celle de M. E. Fourcand, reprit ce projet, en continua l'étude, et, après un rapport de M. A. Sourget, le soumit au vote de la Commission municipale dans la séance du 28 août 1874.

La question fut ce jour-là résolue. Notre ville allait enfin avoir un monument qui répondrait à l'importance de sa magnifique collection de tableaux et assurerait la conservation de ses richesses artistiques, errantes depuis tant d'années.

La pose de la première pierre eut lieu le 25 mai 1875. Les travaux furent continués sous l'administration de M. E. Fourcand, qui reprit en mars 1876 la direction des affaires municipales, puis sous celle de M. A. Brandenburg, aujourd'hui maire de Bordeaux.

Le double édifice construit pour recevoir nos tableaux et nos statues a été terminé en 1881. Nos œuvres d'art ont enfin trouvé dans des galeries spacieuses, bien éclairées et convenablement aménagées, l'abri définitif qu'elles ont si longtemps attendu.

1881.

EXPLICATION

DES

ABRÉVIATIONS EMPLOYÉES DANS CE CATALOGUE

H. Hauteur.
L. Largeur.
T. Toile.
B. Bois.
C. Cuivre.
Fig. Figure.
Gr. nat. Grandeur naturelle.
Pet. nat. Petite nature.

ÉCOLES D'ITALIE

ÉCOLE ESPAGNOLE

ÉCOLES D'ITALIE
ÉCOLE ESPAGNOLE

ALBANI (Francesco), *né à Bologne le 17 mars 1578, mort dans la même ville le 4 octobre 1660.* (École bolonaise.)

1. *Vénus et Adonis.*

H. 1,19. — L. 1,65. — T. — Fig. de 0,50.

Vénus, entourée d'amours, est étendue à l'ombre de grands arbres. Appuyée sur un coussin rouge, elle contemple le jeune chasseur, qu'un des amours lui présente, et qui est debout devant elle, tenant en laisse un lévrier. Un amour effleure son sein de la pointe d'une flèche, tandis que les autres entraînent le char de la déesse, ou expriment par leur attitude le plaisir que leur cause la scène dont ils sont témoins.

Donné par l'État en 1819.

ALIENSE. — *Voir* Vassilacchi (Antonio dit l').

ALLEGRI (*Attribué à* Antonio), dit il Correggio, *né à Correggio (dans le duché de Modène) en 1494, mort dans la même ville le 5 mars 1534.* (École lombarde.)

2. *Ganymède.*

H. 1,65. — L. 0,95. — T. — Fig. de gr. nat.

Jupiter, transformé en aigle, enlève dans les airs Ganymède, dont il a saisi le vêtement avec ses serres.

Celui-ci, les bras levés, cherche à s'attacher aux ailes de l'oiseau. Au premier plan, un chien blanc assiste avec inquiétude à l'enlèvement du jeune Troyen.

Legs de M. Duffour-Dubergier en 1861.

ALLEGRI (*École d'*ANTONIO).

3. *Vénus endormie.*

H. 0,93. — L. 1,18. — T. — Fig. de 1,05.

La déesse repose, entièrement nue, sur de riches coussins. A gauche et dans l'ombre, deux satyres avancent la tête pour contempler Vénus endormie.

Collection Lacaze. 1829.

Ce tableau, qui a été attribué à Titien, puis à Allegri, nous paraît l'œuvre d'un élève ou d'un imitateur de ce dernier maître. Les satyres et la draperie jaune derrière laquelle ils s'abritent ne sont pas de la même main que la figure principale.

AMERIGHI *ou* MORIGI (MICHEL-ANGIOLO), *dit* IL CARAVAGGIO, *peintre et graveur, né à Caravaggio, près de Milan, en 1569, mort en 1609, à Porto-Ercole.* (École lombarde.)

4. *Saint Jean-Baptiste dans le désert.*

H. 1,67. — L. 1,22. — T. — Fig. en pied de gr. nat.

Le saint est représenté assis et presque nu; il tourne la tête et semble parler à ses disciples. La croix de roseau qui le symbolise est placée près de lui.

Donné par l'État en 1803.

5. *Le Couronnement d'épines.*

H. 1,23. — L. 1,62. — T. — Fig. à mi-corps de gr. nat.

Le Christ, vu de face, est assis les mains liées, entre deux soldats, dont l'un est coiffé d'un turban et l'autre revêtu d'une cuirasse.

Donné par l'État en 1803.

ANDREA DEL SARTO, ANDRÉ DEL SARTE. — *Voir* VANNUCCHI.

ARPINO (IL CAVALIERE D'). — *Voir* CESARI.

BARBARELLI (Giorgio), *dit* Giorgione, *peintre et musicien, né à Castel-Franco, ou, suivant quelques auteurs, à Viselago, village de la province de Trévise, en 1477, mort en 1511.* (École vénitienne.)

6. *Tête d'Esclavon.*

H. 0,46. — L. 0,38. — T. — Fig. en buste de gr. nat.

Cette figure est vue de trois quarts et coiffée d'un feutre gris, dont les bords sont relevés en forme de visière.

Collection Lacaze. 1829.

BARBIERI (*Attribué à* Giovanni-Francesco), *dit* il Guercino, *peintre et graveur, né à Cento, petite ville de la province de Bologne, le 8 février 1591, mort le 22 décembre 1666.* (École bolonaise.)

7. *Bertholde couvant les œufs de l'oie.*

H. 1,19. — L. 0,94. — T. — Fig. de gr. nat. — Sujet tiré du *Décameron* de Boccace.

Collection Lacaze. 1829.

BARTOLOMMEO (Fra) **DEL FATTORINO**, *dit* Baccio della Porta *ou* il Frate, *né dans le village de Savignano, près de Florence, en 1469, mort dans le couvent de Saint-Marc, à Florence, le 6 octobre 1517.* (École florentine.)

8. *Sainte-Famille.*

H. 0,49. — L. 0,63. — B. — Fig. à mi-corps de 0,45.

La Vierge est assise, tenant l'Enfant Jésus sur ses genoux. Elle a la main droite appuyée sur l'épaule de l'enfant, et, de l'autre main, lui soutient le bras. Celui-ci tourne la tête pour regarder saint Joseph, qui est debout en face du groupe. La figure du vieillard se détache sur un fond de paysage, qu'on aperçoit par une croisée.

Legs de M. Duffour-Dubergier en 1861.

BASSAN. — *Voir* Ponte.

BASTIANO DEL PIOMBO. — *Voir* Luciano.

BELLO-MARCO, *né à Girgenti, au commencement du XVIe siècle.* (École napolitaine.)

9. *La Vierge, l'Enfant Jésus et le petit saint Jean.*

H. 0,54. — L. 0,47. — B. — Fig. presque en pied de 0,46.

La Vierge, vêtue d'une tunique rose et d'un manteau bleu, a la main droite placée sur la tête du petit saint Jean ; elle tient sur ses genoux l'Enfant Jésus, qui lève la main comme pour bénir. Dans le fond, à gauche, on voit une ville au pied d'une montagne.

Donné par l'État en 1863. — Provient de la collection Campana.

BENEDETTO (IL). — *Voir* CASTIGLIONE.

BERNASCONI (LAURA), *née à Rome au XVIIe siècle ; elle fut élève de* MARIO NUZZI, *dit* MARIO DI FIORI. (École romaine.)

10. *Paysage.*

H. 0,70. — L. 0,94. — T.

Au premier plan, des troncs d'arbres brisés et deux chênes couverts de lierre ; un peu plus loin, d'autres grands arbres qui laissent voir, par une étroite éclaircie, le ciel et les coteaux de l'horizon.

Collection Lacaze. 1829.

11. *Paysage.*

H. 0,70. — L. 0,94. — T.

A droite de la composition, un ruisseau coule, en formant plusieurs cascades, parmi les arbres et les rochers d'une forêt. Dans le lointain, on aperçoit des montagnes, au-dessus desquelles apparaît le disque du soleil levant.

Collection Lacaze. 1829.

BERRETTINI (PIETRO) **DA CORTONA**, *dit* PIETRE DE CORTONE, *peintre, architecte et écrivain, né à Cortona (ville de Toscane), le 1er novembre 1596, mort à Rome le 16 mai 1669.* (École romaine.)

12. La Vierge et l'Enfant Jésus.

H. 1,52. — L. 1,13. — T. — Fig. presque en pied de gr. nat.

La Vierge, assise sur un tertre au pied d'un arbre, tient sur ses genoux l'Enfant Jésus, auquel elle vient de donner une fleur d'églantier.

Donné par l'État en 1803. — Provient de l'ancien cabinet du roi.

BERRETTINI (École de PIETRO) DA CORTONA.

13. Saint Nicolas.

H. 0,28. — L. 0,19. — T. — Fig. de 0,17.

Le saint, tenant une bourse de la main gauche, bénit des enfants nus placés dans un baquet.

Collection Lacaze. 1829.

BIBIENA (DA). — Voir GALLI.

BIGIO. — Voir LOMBARDO.

BOLOGNINI (GIOVANNI-BATTISTA), né à Bologne en 1612, mort en 1689. (École bolonaise.)

14. La Peinture personnifiée.

H. 1,29. — L. 0,97. — T. — Fig. presque en pied de gr. nat.

Jeune femme assise devant un chevalet et peignant un amour. Le haut du corps est nu. Elle porte une tunique bleue attachée à la ceinture. Une draperie rouge est jetée sur son épaule et retombe derrière elle.

Collection Lacaze. 1829.

BONVICINO (ALESSANDRO), dit IL MORETTO DA BRESCIA, né à Rovato (bourg du territoire de Brescia), vers 1500, mort dans sa patrie vers 1560. (École vénitienne.)

15. La Vierge et l'Enfant Jésus.

H. 0,47. — L. 0,44. — B. — Fig. demi-nat.

Dans un intérieur éclairé par une croisée qui laisse voir des montagnes et des arbres, la Vierge, les mains jointes, paraît en extase devant l'Enfant Jésus, assis près d'elle sur une table recouverte d'une nappe blanche. L'enfant a les regards tournés vers sa mère et semble lui adresser la parole.

Legs de M. Duffour-Dubergier en 1861.

BONZI (Pietro-Paolo), *dit* il Gobbo di Carracci, *né à Tortona vers 1580, mort à 60 ans, sous le pontificat d'Urbain VIII (1623-1644).* (École bolonaise.)

16. *Lièvre, geais et perdrix.*

H. 0,75. — L. 0,97. — T.

Collection Lacaze. 1829.

BORDONE (Paris), *peintre, musicien et littérateur, né à Trévise en 1500, mort à Venise le 19 janvier 1570.* (École vénitienne.)

17. *Portrait d'un noble Vénitien.*

H. 0,79. — L. 0,65. — T. — Fig. de gr. nat.

Ce personnage est vu de face et à mi-corps; il est coiffé d'une sorte de toque aplatie et vêtu d'un justaucorps noir avec des manches de velours rouge. La main droite, dégantée, repose sur une balustrade; la main gauche tient le gant enlevé à la main droite.

Collection Lacaze. 1829.

BOTH (Jan), *dit* Both d'Italie, *peintre et graveur, né à Utrecht en 1610, mort dans la même ville en 1650.* (École bolonaise.)

18. *Paysage.*

H. 0,57. — L. 0,74. — B.

Vue d'Italie; soleil couchant. Une ferme dans un pays aride, au pied d'un rocher que surmonte une enceinte fortifiée. Au premier plan, à gauche, un homme debout et divers animaux. Un peu plus loin, deux personnages, dont l'un est à cheval, semblent donner un renseignement à une femme assise, ayant près d'elle un paquet et un bâton.

Collection Lacaze. 1829.

BOTTICELLI (Sandro). — *Voir* Filipepi.

BRANDI (Domenico), *né à Naples en 1683, mort en 1756.* (École napolitaine.)

19. *Paysage et animaux.*

H. 1,25. — L. 1,78. — T. — Fig. en pied pet. nat.

Un pâtre assis sur l'herbe, vu de dos, les épaules

ÉCOLES D'ITALIE. — ÉCOLE ESPAGNOLE.

couvertes d'une peau de mouton. Son chien est à ses pieds; ses moutons paissent ou sont couchés derrière lui. On voit une chèvre dans le fond.

Acheté par la Ville en 1858. — Signé.

BRONZINO (Angiolo di Cosimo, dit), *peintre, graveur et poète, né à Monticelli, bourg de Florence, en dehors de la porte San-Friano, vers 1502, mort dans le mois de novembre 1572.* (École florentine.)

20. *Portrait d'une princesse de la maison de Médicis.*

H. 0,38. — L. 0,31. — B. — Fig. demi-nat.

Jeune femme blonde, dont on ne voit que le buste. Ses cheveux sont frisés, ornés de perles et surmontés d'une couronne; elle a une collerette enrichie d'ornements en or, qui est ouverte sur le devant et remonte derrière la tête jusqu'à la hauteur des oreilles. Au milieu de la poitrine est placée une feuille de laurier.

Collection Lacaze. 1829.

CALABRESE. — *Voir* Preti (Mattia).

CALIARI (Paolo), *dit* Paolo Veronese, *né à Vérone en 1528, mort à Venise le 19 avril 1588.* (École vénitienne.)

21. *Adoration des Mages.*

H. 0,60. — L. 1,22. — T. — Fig. de 0,40.

L'Enfant Jésus repose dans le berceau qui lui a été préparé. Des anges l'adorent; saint Joseph le regarde avec dévotion. La Vierge soulève le voile qui abrite son fils, et le montre aux mages prosternés et à leurs serviteurs, qui portent des présents.

Donné par l'État en 1803.

22. *La Femme adultère.*

H. 0,60. — L. 1,22. — T. — Fig. de 0,40.

Le Christ vient d'écrire la sentence qu'il entend porter contre le crime qui lui a été dénoncé. Il indique du doigt sa réponse aux docteurs, et se tourne vers la pécheresse, qui est debout à sa droite, les mains liées et entourée de soldats. L'un d'eux se baisse pour lire ce qui est écrit : « *Que celui qui est sans péché lui jette la première pierre.* » Les docteurs paraissent interdits, et expriment diversement les sentiments qui les agitent.

Donné par l'État en 1803.

23. Sainte-Famille.

H. 0,77. — L. 0,96. — T. — Fig. pet. nat. à mi-corps.

Une sainte présente des fleurs à l'Enfant Jésus, assis sur les genoux de sa mère. Saint Joseph debout, à gauche, se penche pour contempler cette scène.

Donné par l'État en 1803.

CALIARI (Attribué à PAOLO), dit PAOLO VERONESE.

24. Vénus et l'Amour.

H. 1,43. — L. 0,95. — T. — Fig. de gr. nat. à mi-corps.

La déesse est assise sur le bord d'un lit, à demi-nue; d'une main elle cache son sein, de l'autre elle tient une draperie ornée de franges d'or et de fourrures. Représentée de face, elle tourne la tête et se considère dans un miroir, que lui présente l'Amour.

Collection Lacaze. 1829.

Ce tableau faisait partie de la galerie de la duchesse d'Albe. M. de Lacaze l'avait attribué à Titien, et il a été gravé sous ce nom par M. Lacour dans le Musée d'Aquitaine. Dans la suite il a été, avec plus de raison, attribué à Paul Véronèse, qui a plusieurs fois traité ce sujet.

25. Sainte-Famille.

H. 1,05. — L. 0,92. — T. — Fig. à mi-corps de gr. nat.

La Vierge et saint Joseph contemplent avec ravissement l'Enfant Jésus étendu sur un lit. Le petit saint Jean lui offre une pomme.

Donné par l'État en 1803.

26. Tête de vieillard.

H. 0,42. — L. 0,30. — T. — Buste de gr. nat.

Tête chauve et tournée à droite. La barbe se détache sur un vêtement rouge foncé.

Collection Lacaze. 1829.

CALIARI (D'après PAOLO), dit PAOLO VERONESE.

27. Vénus désarmant l'Amour.

H. 1,96. — L. 1,45. — T. — Fig. en pied de gr. nat.

La déesse est représentée assise sur un divan; le bas

ÉCOLES D'ITALIE. — ÉCOLE ESPAGNOLE.   27

du corps est enveloppé d'une riche draperie; de la main gauche elle tient l'arc, qu'elle vient de dérober à l'Amour. Celui-ci se soulève et tend les bras pour ressaisir son arme.

Donné par l'État en 1872.

CARAVAGGIO (IL). — *Voir* AMERIGHI.

CARDI (LODOVICO) DA CIGOLI, *peintre, sculpteur, architecte, poète et musicien, né au bourg de Cigoli, près Florence, le 12 septembre 1559, mort à Rome le 8 juin 1613.* (École florentine.)

28. *Le Denier de César.*

H. 1,18. — L. 1,65. — T. — Fig. de gr. nat. à mi-corps.

Le Christ, vêtu d'une tunique bleue et d'un manteau brun jaune, remet, d'une main, la pièce de monnaie qui lui a été présentée par un pharisien, et, de l'autre, montre le ciel.

Collection Lacaze. 1829. — Don du roi de Bavière.

CARPIONI (GIULIO), *peintre et graveur, né à Venise en 1611, mort à Vérone en 1674.* (École vénitienne.)

29. *Suite d'une fête à Silène.*

H. 1,14. — L. 1,36. — T. — Fig. de 0,31.

Silène est étendu sur une peau de tigre, au pied d'un arbre. Il paraît ivre et endormi. Une femme exprime sur sa tête le jus d'une grappe de raisin, tandis que des enfants le regardent et le montrent avec une sorte d'ironie. Sur des draperies de diverses couleurs, des femmes, couchées ou assises, ont cédé aux fatigues de l'orgie. Un couple seulement danse encore.

Collection Lacaze. 1829.

30. *Bacchanale d'enfants devant une statue de Priape.*

H. 1,17. — L. 1,07. — T. — Fig. de 0,46.

Plusieurs enfants sont réunis près d'une statue de Priape; deux d'entre eux dansent au son d'une flûte et d'un tambourin; trois autres sont couchés sur des draperies.

Collection Lacaze. 1829.

CARRACCI (ANNIBALE), *peintre et graveur, né à Bologne le 3 novembre 1560, mort à Rome le 16 juillet 1609.* (École bolonaise.)

31. *Neptune apaisant les flots.*

H. 1,46. — L. 1,14. — T. — Fig. de gr. nat.

Le dieu, porté par un cheval marin, a la tête ceinte d'une couronne d'or; d'une main, il tient son trident; de l'autre, les rênes du coursier.

Legs de M. Duffour-Dubergier en 1861.

Ce tableau, avant 1789, ornait le palais de l'Électeur de Bavière; plus tard, il passa dans la collection du baron von Nägern, ancien maître de poste du roi de Prusse.

CARRACCI (*Attribué à* LODOVICO), *peintre, graveur et sculpteur, né à Bologne le 21 avril 1555, mort dans la même ville le 13 décembre 1619.* (École bolonaise.)

32. *Danse de petits amours.*

H. 0,34. — L. 0,29. — B. — Fig. de 0,11.

Des enfants entièrement nus, la tête couronnée de fleurs, dansent une ronde. Elle paraît interrompue par deux d'entre eux, qui ont quitté la chaîne pour se battre. Au-dessus vole un autre amour, qui laisse tomber des fleurs et des couronnes sur ses compagnons. Sur un tertre, au deuxième plan, quatre enfants jouent du violon et de la basse.

Legs de M. Duffour-Dubergier en 1861.

CARRACHE (LE). — *Voir* CARRACCI.

CASTELLI (VALERIO), *né à Gênes en 1625, mort dans la même ville en 1659.* (École génoise.)

33. *Personnification de la Musique.*

H. 0,20. — L. 0,29. — T. — Fig. de 0,22.

Un enfant, à demi-enveloppé d'une draperie rouge et appuyé sur un tertre, tient d'une main un papier de musique et, de l'autre, montre un violon placé près de lui.

Collection Lacaze. 1829.

ÉCOLES D'ITALIE. — ÉCOLE ESPAGNOLE.

34. *Personnification de la Peinture.*

H. 0,20. — L. 0,29. — T. — Fig. de 0,21.

Un enfant nu, assis sur une draperie jaune, indique d'une main une image qu'il élève de l'autre main. On voit près de lui une palette et des pinceaux.

Collection Lacaze. 1829.

CASTIGLIONE (Giovanni-Benedetto), *dit* il Grechetto *ou* il Benedetto, *peintre et graveur, né à Gênes en 1616, mort à Mantoue en 1670.* (École génoise.)

35. *Une Bergère et son troupeau.*

H. 1,56. — L. 2,08. — T. — Fig. en pied pet. nat.

Une jeune fille, vêtue d'une robe rouge et les épaules à demi-couvertes d'une pèlerine blanche, conduit un troupeau de chèvres et de moutons. Montée sur un cheval blanc et vue de dos, elle se tourne pour écouter ce que lui dit un homme placé à sa gauche.

Collection Lacaze. 1829.

CAVEDONE (Jacopo), *né à Sassuolo (dans le duché de Modène) en avril 1577, mort à Bologne en 1660.* (École bolonaise.)

36. *Judith.*

H. 0,76. — L. 0,62. — T. — Fig. de gr. nat.

Debout, à mi-corps, Judith tient par les cheveux la tête d'Holopherne, et s'apprête à la mettre dans un sac que sa servante vient de lui apporter.

Collection Lacaze. 1829.

CELESTI (Andrea), *né à Venise en 1637, mort dans la même ville en 1706.* (École vénitienne.)

37. *Bacchantes et Satyres.*

H. 1,27. — L. 1,19. — T. — Fig. de 0,73.

Des nymphes, des bacchantes, des satyres, des panthères et des enfants sont groupés dans ce tableau, dont il est difficile d'expliquer le sujet, et qui a dû faire partie d'une composition plus étendue.

Collection Lacaze. 1829.

CELESTI (*École d'*ANDREA).

38. *Jahel et Sisara.*

H. 0,97. — L. 0,91. — T. — Fig. demi-nat.

Jahel est représentée debout, presque de face et à mi-corps, tenant le marteau avec lequel elle enfonça une pointe de fer dans la tête de Sisara, général chananéen.

Collection Lacaze. 1829.

CERQUOZZI (MICHEL-ANGELO), *dit* MICHEL-ANGELO DELLE BATTAGLIE, *né à Rome en 1600 ou 1602, mort dans la même ville en 1660.* (École romaine.)

39. *Une Embuscade de voleurs.*

H. 0,86. — L. 1,23. — T. — Fig. de 0,17.

Dans un pays désert et sauvage, des voleurs sortent d'une caverne et attaquent deux cavaliers. L'un d'eux a été renversé. Pendant que les brigands s'apprêtent à le dévaliser, l'autre veut fuir; mais il est poursuivi par le reste de la bande qui tire sur lui des coups de fusil.

Collection Lacaze. 1829.

CESARI (GIUSEPPE), *dit* IL CAVALIERE D'ARPINO *ou* LE JOSÉPIN, *né à Arpino en 1560 suivant certains biographes, en 1568 selon d'autres auteurs, mort à Rome le 3 juillet 1640.* (École romaine.)

40. *Jésus lavant les pieds des apôtres.*

H. 0,95. — L. 1,36. — T. — Fig. de 0,60.

Au premier plan, à gauche, le Christ est à genoux, le corps ceint d'un linge blanc; il se dispose à laver les pieds de Simon Pierre, qui paraît confus de cet acte d'humilité de son maître. Un jeune homme lui présente une aiguière. Autour de lui les apôtres ôtent leurs sandales ou échangent leurs impressions. Dans le fond, on voit la table, que vient de quitter le Christ, et des serviteurs occupés à enlever la nappe et les plats.

Collection Lacaze. 1829.

CICCIO (L'ABATE). — *Voir* SOLIMENA.

CIGOLI (DA). — *Voir* CARDI.

ÉCOLES D'ITALIE. — ÉCOLE ESPAGNOLE.

CORREGE. — *Voir* ALLEGRI.

CORTONE (PIETRE DE). — *Voir* BERRETTINI.

CREDI (LORENZO DI), *peintre et sculpteur, né à Florence en 1459, mort dans la même ville le 12 janvier 1536.* (École florentine.)

41. *L'Annonciation.*
H. 0,39. — L. 0,55. — C. — Fig. de 0,22.

Dans un intérieur orné de boiseries, la Vierge est assise, un tapis sous les pieds; elle a les mains jointes, les yeux levés vers le ciel, et prononce ces paroles : *Ecce ancilla Domini*, que le peintre a figurées en lettres d'or sortant de sa bouche. Elle reçoit les rayons que lui envoie le Saint-Esprit sous la forme d'une colombe. D'autres rayons, suivant la même direction, pénètrent par une ouverture pratiquée dans le mur; ils paraissent émanés du Père Éternel, placé dans le ciel, à gauche et tout en haut du tableau. Un ange, les bras croisés sur la poitrine et à genoux sur un nuage, se tient en face de la Vierge et lui annonce la volonté divine.

Legs de M. Duffour-Dubergier en 1861.

DALSOLE. — *Voir* SOLE (GIUSEPPE DAL).

DELLAVECCHIA. — *Voir* VECCHIA (PIETRO DELLA).

DUGHET (GASPRE *ou* GUASPRE), *dit* GASPARO POUSSIN, *né à Rome dans le mois de mai 1613, mort dans la même ville le 25 mai 1675.* (École romaine.)

42. *Paysage avec figures.* — *Effet d'orage.*
H. 0,80. — L. 1,20. — T. — Fig. de 0,13.

Au premier plan, des rochers, parmi lesquels coule un ruisseau. Deux femmes assises causent ensemble : l'une, vue de face, a un chien à ses pieds; l'autre tourne le dos au spectateur et entoure de son bras un vase placé sur un rocher. Derrière elles se tient debout un vieillard appuyé sur son bâton. A quelque distance est un groupe d'arbres. Sur un tertre plus éloigné, deux personnages conduisent une vache et un troupeau de brebis vers des maisons situées au pied d'une tour. Au dernier plan, à droite, on voit des montagnes et, sur le versant de l'une d'elles, un château-fort.

Legs de M. Duffour-Dubergier en 1861. — Ce tableau vient de la collection du docteur Radcliffe.

43. Paysage.

H. 0,41. — L. 0,74. — T. — Fig. de 0,06.

Sur le premier plan, à gauche, un grand arbre; un peu plus loin, des rochers d'où s'échappe une source abondante. Deux femmes y lavent du linge. A l'horizon, un château et des montagnes.

Collection Lacaze. 1829.

ESPAGNOLET. — *Voir* RIBERA.

ESTEBAN. — *Voir* MURILLO.

FARINATI (*École de* PAOLO), *peintre, architecte et graveur, né à Vérone en 1522, mort dans la même ville en 1606.* (École vénitienne.)

44. Vénus assise et deux amours.

H. 1,13. — L. 0,88. — T. — Fig. en pied pet. nat.

Vénus caresse un amour qui est debout auprès d'elle, et regarde un autre amour qui joue avec les tresses de sa chevelure.

Collection Lacaze. 1829.

FERRANDIZ (BERNARDO), *né à Valence (Espagne).* (École espagnole.)

45. Le Jugement des eaux de Valence en 1800.

H. 2,00. — L. 3,00. — T. — Fig. de 0,78.

Les sept canaux qui distribuent les eaux de la Turia, aux environs de Valence, sont régis chacun par un syndic et un éclusier. Tous les jeudis, de temps immémorial, les syndics se réunissent à la porte de la cathédrale pour juger les délits que leur dénoncent les éclusiers. — Le peintre a représenté les juges assis sous le porche de l'église; ils écoutent une jeune femme et un homme d'un certain âge, qui s'expliquent devant eux. Derrière ceux-ci, différents personnages causent et rient. Au premier plan, à droite, deux jeunes garçons, dont l'un est debout et l'autre monté sur un âne, suivent attentivement le débat.

Donné par l'État en 1864. — Signé et daté.

FERRARI (LUCA), *né à Reggio en 1603, mort à Padoue en 1664.* (École lombarde.)

46. *La Peinture couronnée par la Renommée.*

H. 1,07. — L. 1,01. — T. — Fig. en pied pet. nat.

La Peinture est personnifiée par une jeune femme entièrement nue, ayant à ses pieds une palette placée sur un masque de théâtre et sur une tête de mort. Elle se penche en arrière avec une expression mêlée de crainte et d'étonnement, tandis que la Renommée pose une couronne de laurier sur sa tête, et se détourne pour publier sa gloire.

Collection Lacaze. 1829.

FILIPEPI (ALESSANDRO), *dit* SANDRO BOTTICELLI, *peintre et graveur, né à Florence en 1447, mort dans la même ville en 1515.* (École florentine.)

47. *Le Sauveur.*

H. 0,51. — L. 0,32. — B. — Fig. en buste de gr. nat.

Vêtu d'une tunique rouge qui laisse le cou à découvert, le Christ présente ses mains, où l'on voit les plaies faites par les clous qui l'ont attaché à la croix.

Donné par l'État en 1863. — Provient de la collection Campana.

FLAMINIO. — *Voir* TORRE.

FONTANA (LAVINIA), *appelée quelquefois* ZAPPI, *du nom de son mari, née à Bologne en 1552, morte à Rome en 1614.* (École bolonaise.)

48. *Portrait du sénateur Orsini.*

H. 1,20. — L. 1,11. — T. — Fig. à mi-corps de gr. nat.

Assis dans un fauteuil, vu de trois quarts et vêtu d'un costume vert orné de fourrures avec des manches de soie rouge, ce personnage feuillette de la main gauche un manuscrit placé sur une table. Il est coiffé d'une toque noire et a autour du cou une collerette brodée d'un travail précieux.

Collection Lacaze. 1829. — Signé et daté.

FRA BARTOLOMMEO. — *Voir* BARTOLOMMEO.

FRA BASTIANO. — *Voir* LUCIANO (SEBASTIANO DI).

FRA SEBASTIANO DEL PIOMBO. — *Voir* LUCIANO (SEBASTIANO DI).

FRANCESCHINI (BALDASSARE), *dit* IL VOLTERRANO, *né à Volterre en 1611, mort en 1689.* (École florentine.)

49. *Moïse devant Pharaon.*

H. 1,35. — L. 1,79. — T. — Fig. de 0,80.

Moïse enfant, ayant été accusé par les prêtres de Pharaon, qu'irritait l'accueil fait à un étranger dans la famille de leur maître, est conduit devant le roi pour être interrogé. — Placé sur une table et entouré de femmes, il porte à sa bouche un charbon ardent. Près de lui, Pharaon, le sceptre à la main, est assis sur son trône entre deux sacrificateurs. L'un de ces derniers lui adresse la parole en montrant Moïse. Au premier plan, un jeune nègre, vu de dos, bizarrement costumé et portant un grand sabre. A côté, un chien blanc. A gauche, un personnage debout regarde avec un binocle la scène qui se passe devant lui.

Collection Lacaze. — 1829.

50. *Apothéose d'Ovide.*

H. 1,32. — L. 1,77. — T. — Fig. de 0,90.

Ovide, représenté sous les traits d'un tout jeune homme, est assis sur des nuages et entouré de génies ailés; il tend les bras à un vieillard, que lui présente une divinité, derrière laquelle voltige un amour.

Collection Lacaze. 1829.

51. *Apollon et Marsyas.*

H. 0,17. — L. 0,56. — Maroufié sur carton. — Fig. de 0,16.

Marsyas est attaché à un arbre et subit le supplice auquel l'a condamné le dieu de l'harmonie. Un jeune satyre pleure à côté de lui, tandis qu'Apollon vainqueur monte au ciel dans un nuage. On aperçoit dans le fond le roi Midas portant déjà les longues oreilles qui lui ont été infligées en punition du jugement qu'il a prononcé.

Collection Lacaze. 1829.

FRANCIA. — *Voir* RAIBOLINI.

FRATE (IL). — *Voir* BARTOLOMMEO.

GADDI (*Écoles des*), *XIVᵉ siècle.* (École florentine.)

52. *Saint François.*

H. 1,10. — L. 0,39. — B. — Fig. de 1,00. — Forme ogivale.

Le saint est représenté debout sur un fond d'or. Sa main gauche tient un livre; de l'autre main il montre le stigmate qu'il porte au côté droit.

Donné par l'État en 1863. — Vient de la collection Campana.

GASPARO POUSSIN. — *Voir* DUGHET.

GENNARI (BENEDETTO), *né le 19 octobre 1633, mort à Bologne le 9 décembre 1715.* (École bolonaise.)

53. *Tête de saint Pierre.*

H. 0,37. — L. 0,33. — T. — De gr. nat.

Elle est vue de trois quarts, tournée à droite. Le front est chauve, la barbe blanche, le teint très coloré.

Collection Lacaze. 1829.

GIORDANO (LUCA), *né à Naples en 1632, mort dans la même ville le 12 janvier 1705.* (École napolitaine.)

54. *Vénus endormie.*

H. 0,91. — L. 1,20. — T. — Fig. de 0,93.

La déesse, entièrement nue, est étendue et endormie sur des draperies blanches. A côté d'elle sont placés deux amours; l'un d'eux, penché vers elle, la regarde en souriant, tandis que l'autre semble avoir cédé, lui aussi, au sommeil.

Donné par M. F.-L. Doucet en 1805.

55. *Tête de vieille femme.*

H. 0,83. — L. 0,65. — T. — De gr. nat.

Donné par l'État en 1803.

GIORGION. — *Voir* BARBARELLI.

GOBBO DI CARACCI. — *Voir* Bonzi.

GOYA Y LUCIENTES (Don Francisco), *né à Fuente-Todes (Aragon) en 1746, mort à Bordeaux le 15 avril 1828.* (École espagnole.)

56. *Une Parque.*

H. 0,87. — L. 0,65. — T. — Fig. de 0,70.

Une vieille femme, d'un aspect difforme, la poitrine à demi découverte et les cheveux relevés sur le sommet de la tête, est assise une quenouille à la main. A côté d'elle, deux personnages dont l'extérieur présente le même caractère d'étrangeté. L'un d'eux semble l'implorer; l'autre tient un balai et regarde son compagnon.

Acheté par la Ville en 1860.

GRECHETTO (il). — *Voir* Castiglione.

GUERCINO (il) *ou* le Guerchin. — *Voir* Barbieri.

GUIDO *ou* le Guide. — *Voir* Reni.

JOSEPIN (le). — *Voir* Cesari.

LANFRANCO *ou* LANFRANCHI (*Attribué à* Giovanni di Stefano), *né à Parme en 1550 suivant Passeri, en 1581 et 1582 selon d'autres biographes; mort le 29 novembre 1647.* (École lombarde.)

57. *Saint Pierre.*

H. 0,60. — L. 0,43. — T. — Buste de gr. nat.

Le saint est représenté de trois quarts, les yeux levés, soutenant son manteau de la main gauche.

Collection Lacaze. 1829.

58. *Deux Vieillards écrivant.*

H. 2,43. — L. 1,69. — T. — Fig. en pied plus gr. que nat.

L'un d'eux est assis, une plume à la main, tenant sur ses genoux un grand livre; il regarde son compagnon qui, debout et le bras levé, semble indiquer au loin un objet qu'on ne voit pas.

Donné par l'État en 1872.

ÉCOLES D'ITALIE. — ÉCOLE ESPAGNOLE.

LANFRANCO (*École de* Giovanni di Stefano).

59. *Tête de saint Pierre.*

H. 0,49. — L. 0,30. — T. — De gr. nat.

Collection Lacaze. 1829.

LAURI (*Attribué à* Filippo), *né à Rome en 1623, mort en 1694.* (École romaine.)

60. *Vertumne et Pomone.*

H. 0,33. — L. 0,25. — T. — Fig. de 0,24.

Le dieu des jardins est debout, à côté de Pomone assise sur un banc de gazon. Sa main droite est placée sur l'épaule de la déesse, à laquelle il semble adresser la parole.

Collection Lacaze. 1829.

LAVINIA. — *Voir* Fontana.

LAZZARINI (*École de* Gregorio), *né à Villanova en 1655, mort à Venise en 1730 ou 1735.* (École vénitienne.)

61. *Vénus et l'Amour.*

H. 1,14. — L. 0,88. — T. — Fig. à mi-corps de gr. nat.

Vénus est assise, presque entièrement nue ; elle montre un collier de perles à un amour placé devant elle et tourne la tête en souriant à un autre amour qui entoure de ses bras le cou de la déesse.

Collection Lacaze. 1829.

LEGI (Jacques), *né en Belgique, mort à Gênes vers 1640.* (École génoise.)

62. *Nature morte.*

H. 0,97. — L. 1,47. — T. — Fig. à mi-corps de gr. nat.

A gauche du tableau, un jeune homme met la main sur une étagère à laquelle sont suspendus des canards. Près de lui est une table, sur laquelle on voit un agneau mort, un coq et deux poules, des bécasses, un panier contenant des légumes. Dans le bas de la composition, un bassin de cuivre et un chat qui cherche à s'emparer d'une pièce de gibier.

Collection Lacaze. 1829.

LIBERI (Pietro), né à Padoue en 1614, mort à Venise en 1687. (École vénitienne.)

63. *Sainte Apolline et un ange.*

H. 0,82. — L. 0,60. — B. — Fig. de gr. nat.

La sainte, représentée à mi-corps et portant un diadème orné de perles et de pierres précieuses, tient un plat dans lequel on voit quelques dents arrachées; un ange placé à sa droite les lui montre du doigt, comme pour lui révéler le supplice qu'elle aura à subir.

Collection Lacaze. 1829.

64. *La Charité.*

H. 1,33. — L. 1,74. — T. — Fig. de gr. nat.

Jeune femme assise sur des nuages et entourée d'enfants ailés. Près d'elle est l'ancre de l'Espérance. A gauche, un enfant montrant le ciel semble personnifier la Foi.

Collection Lacaze. 1829.

65. *Les Grâces lutinant les Amours.*

H. 1,27. — L. 1,29. — T. — Fig. presque en pied de gr. nat.

Les Grâces sont représentées soutenant un amour étendu sur une draperie blanche. Deux d'entre elles, penchées vers lui, le regardent en souriant; la troisième se retourne pour parler à un autre amour placé derrière elle.

Collection Lacaze. 1829.

LICINIO (Giulio), dit LE ROMAIN, né dans le Frioul vers 1520, mort à Augsbourg en 1570. (École romaine.)

66. *Jésus endormi et deux anges.*

H. 0,54. — L. 0,71. — T. — Fig. en pied de gr. nat.

L'Enfant Jésus endormi est étendu sur une draperie rouge, la tête sur un coussin; le bras gauche est pendant, la main droite sur la poitrine. Deux chérubins placés dans l'ombre paraissent l'adorer pendant son sommeil.

Collection Lacaze. 1829.

LOMBARDO (Bigio), né à Venise vers 1610. (École vénitienne.)

67. *Paysage.*

H. 0,68. — L. 0,85. — T. — Fig. de 0,09.

Au premier plan, un ruisseau qui s'élance d'une

ÉCOLES D'ITALIE. — ÉCOLE ESPAGNOLE. 39

grotte et coule parmi des rochers. Vers le centre de la composition, un homme assis et une femme debout portant deux paniers; à gauche, une laveuse; plus loin, un berger gardant un troupeau de chèvres et de moutons. Au delà s'étend une plaine, où l'on voit un groupe de maisons. A l'horizon s'élèvent des montagnes noyées dans les vapeurs du matin.
Collection Lacaze. 1829.

LORENZINO DA BOLOGNA. — *Voir* SABATINI.

LUCA DE REGGIO. — *Voir* FERRARI.

LUCATELLI (ANDREA), *né à Rome vers la fin du XVIIe siècle, mort dans la même ville en 1741.* (École romaine.)

68. *Paysage avec figures.*
H. 0,71. — L. 0,97. — T. de forme ovale. — Fig. de 0,16.

A gauche, un hangar; au centre, deux groupes d'arbres; à droite, un cheval blanc. Deux scènes distinctes sont représentées au premier plan. Des bohémiens rangés autour d'une table jouent aux cartes; l'un d'eux montre à son adversaire la carte qui sans doute vient de faire perdre ce dernier, car il se frappe le front avec douleur. Une jeune femme, debout derrière lui, paraît se réjouir de sa déconvenue; une autre verse à boire à un homme assis près d'elle et met en même temps la main dans la poche de son vêtement. — Près du hangar, un jeune paysan, portant une hotte, cause avec une femme debout devant lui; à sa gauche, une vieille bohémienne lui pose la main sur l'épaule et fait passer à une petite fille qu'il ne peut voir une bourse qu'elle vient de lui dérober. Pendant ce temps, un petit garçon met la main dans la poche du paysan, ce qui excite l'hilarité d'un vieillard placé derrière l'enfant.
Donné par l'État en 1863. — Provient de la collection Campana.

LUCIANO (*École de* SEBASTIANO DI), *dit* FRA BASTIANO DEL PIOMBO, *né à Venise en 1485, mort à Rome en 1547.* (École vénitienne.)

69. *La Vierge et le Christ mort.*
H. 0,50. — L. 0,37. — B. — Fig. de 0,32.

La Vierge, au pied de la croix, tient sur ses genoux son fils inanimé. Les bras étendus, la tête levée, elle semble prendre le ciel à témoin de sa douleur et de sa résignation. Deux anges soutiennent les bras du Christ. A ses pieds sont les instruments de la Passion. Dans le fond, la ville de Jérusalem.

Legs de M. Duffour-Dubergier en 1861.

MADERNO (Giovanni-Battista), *architecte et dessinateur, né à Côme en Lombardie, mort à Rome le 30 janvier 1639.* (École lombarde.)

70. *Dessin allégorique sur la vie humaine.*

H. 0,57. — L. 0,86. — Fig. de 0,17.

Acheté par la Ville en 1858. — Signé.

MARATTI ou **MARATTA** (École de Carlo), *peintre et graveur, né à Camerano (dans la marche d'Ancône) en 1625, mort à Rome le 15 décembre 1713.* (École romaine.)

71. *Une Sybille.*

H. 0,48. — L. 0,35. — T. — Fig. de gr. nat.

Buste de femme, enveloppé d'une draperie bleue frangée d'or, qui couvre la tête et retombe sur les épaules.

Collection Lacaze. 1829.

MARTINOTTI (Giovanni-Evangelista), *né à Casal-Monferrato en 1654, mort en 1694.* (École napolitaine.)

72. *Paysage.*

H. 0,59. — L. 0,73. — T. — Fig. de 0,08.

Un arbre à demi-déraciné et brisé sur des rochers qui dominent un cours d'eau. A droite, un pêcheur à la ligne.

Collection Lacaze. 1829.

MEDOLA. — *Voir* Schiavone.

MEMMI (Filippo), *né à Sienne, peignait de 1330 à 1364.* (École florentine.)

73. *L'archange Gabriel.*

H. 0,39. — L. 0,30. — B. — Fig. à mi-corps de 0,36.

Il tient une branche d'olivier d'une main et lève l'autre

ÉCOLES D'ITALIE. — ÉCOLE ESPAGNOLE.

comme pour bénir. Vêtu d'une tunique jaune et d'un manteau rose, il porte sur la tête un diadème rouge et se détache sur un fond d'or, dans lequel on voit, à gauche, des plumes de paon.

Donné par l'État en 1863. — Provient de la collection Campana.

MICHEL-ANGELO DELLE BATTAGLIE. — *Voir* CERQUOZZI.

MONTI (Attribué à FRANCESCO), *né à Bologne en 1685, mort en 1768.* (École bolonaise.)

74. *Deux Enfants se disputant.*

H. 0,62. — L. 0,81. — T. — Fig. de gr. nat.

Deux enfants nus, dont l'un est assis et l'autre agenouillé, se disputent un objet qu'on ne voit pas ou qui n'a pas été représenté.

Collection Lacaze. 1829.

MORETTO (IL). — *Voir* BONVICINO.

MORIGI. — *Voir* AMERIGHI.

MOYA (PEDRO), *né à Grenade en 1610, mort dans la même ville en 1661.* (École espagnole.)

75. *Portrait d'un peintre.*

H. 1,48. — L. 1,05. — T. — Fig. pet. nat.

Jeune homme vêtu de noir, assis devant un chevalet sur lequel est une toile ; il tient sa palette et ses pinceaux ; la tête est vue de face et regarde le spectateur.

Legs de M. Duffour-Dubergier en 1861.

MURILLO (BARTOLOMÉ-ESTEBAN), *né à Séville le 1er janvier 1618, mort dans la même ville le 3 avril 1682.* (École espagnole.)

76. *Saint Antoine de Padoue en extase.*

H. 1,71. — L. 2,08. — T. — Fig. en pied de gr. nat.

Le saint, vêtu d'une robe grise et agenouillé, tient dans ses bras l'Enfant Jésus ; il l'approche de ses lèvres et lui donne un baiser, pendant que l'Enfant, de sa main droite, lui caresse le visage. A gauche, en face du saint, deux petits anges ailés, dont l'un tient un livre ouvert et l'autre un lys blanc. On voit au-dessus d'eux d'autres anges soutenus par des nuages.

Legs de M. Duffour-Dubergier en 1861. — Ce tableau provient de la collection du vicomte d'Armagnac.

MURILLO (*Attribué à* BARTOLOMÉ-ESTEBAN).

77. *Un Philosophe.*

H. 1,27. — L. 1,00. — T. — Fig. à mi-corps de gr. nat.

Un homme dans la force de l'âge, portant un vêtement de diverses couleurs qui laisse voir la poitrine, est devant une table où il y a une lampe, des livres et un encrier; il tient un manuscrit et paraît réfléchir.

Acheté par la Ville en 1854.

78. *Portrait de don Luis de Haro.*

H. 1,15. — L. 0,85. — T. — Fig. jusqu'aux genoux de gr. nat.

Ce personnage est représenté presque de face et entièrement vêtu de noir; la main droite est relevée à la hauteur de la ceinture; l'autre main est pendante et tient des gants; la tête se détache sur un rideau brun violet.

Legs de M. Duffour-Dubergier en 1861. — Provient de la collection San-Salvador.

MURILLO (*D'après* BARTOLOMÉ-ESTEBAN).

79. *La Conception immaculée de la Vierge.*

H. 1,00. — L. 0,75. — T. — Fig. de 0,73.

La Vierge est debout, portée sur des nuages et soutenue par des anges; les mains sont croisées sur la poitrine et la tête est levée vers le ciel; elle est vêtue d'une robe blanche et d'un manteau bleu foncé. Entourée de chérubins, elle se détache sur un fond lumineux formant une gloire.

Legs de M. Duffour-Dubergier en 1861.

Ce tableau, réduction ancienne de la composition originale qui est au Louvre, provient de la collection du duc de Montemayor-Alméida.

MURILLO (*École de* BARTOLOMÉ-ESTEBAN).

80. *La Vierge et l'Enfant Jésus.*

H. 0,60. — L. 0,33. — T. — Fig. de 0,33.

La Vierge est assise, tenant l'Enfant Jésus sur ses

genoux; elle appuie sa tête sur celle de son fils, qui, de la main gauche, lui caresse le visage.

Legs de M. Duffour-Dubergier en 1861.

81. *Deux Enfants qui se battent.*

H. 1,23. — L. 1,27. — T. — Fig. en pied de 1,00.

Collection Lacaze. 1829. — Don du roi de Bavière.

NUVOLONI (*Attribué à* Francesco), *né à Milan en 1608, mort dans la même ville en 1651.* (École lombarde.)

82. *La Résurrection.*

H. 1,00. — L. 0,82. — T. — Fig. de 0,55.

Le Christ vient de sortir de son tombeau; il est représenté debout, tenant d'une main une bannière blanche et de l'autre montrant le ciel où il va remonter. Quelques gardes sont encore endormis; d'autres se réveillent et paraissent saisis d'étonnement à la vue du Christ ressuscité.

Collection Lacaze. 1829.

83. *L'Ascension.*

H. 1,00. — L. 0,81. — T. — Fig. de 0,58.

Le Christ ressuscité s'élève vers le ciel, qui s'entr'ouvre pour le recevoir. A ses pieds, ses disciples et les saintes femmes, les uns à genoux, les autres debout, témoignent diversement les sentiments qui les animent en présence du fait miraculeux dont ils sont témoins.

Collection Lacaze. 1829.

ORBETTO. — *Voir* Turchi.

PADOVINANO (il). — *Voir* Varotari.

PALMA (Jacopo), *dit* il Vecchio *ou* le Vieux, *né vers 1480 à Serinalta (village du Bergamasque), mort à Venise vers 1548.* (École vénitienne.)

84. *Sainte-Famille.*

H. 0,78. — L. 1,14. — T. — Fig. à mi-corps pet. nat.

La Vierge, assise et vue de face, tient sur ses genoux l'Enfant Jésus, qui se tourne vers saint Joseph et lui montre un oiseau. Derrière ce groupe on voit les têtes de saint Jean, de saint Paul et de sainte Madeleine.

Collection Lacaze. 1829.

PALMA (*École de* Jacopo).

85. *Portrait d'un noble Vénitien.*

H. 0,75. — L. 0,59. — B. — Fig. à mi-corps de gr. nat.

Ce personnage est debout, vu de face, coiffé d'une toque noire; son pourpoint, noir aussi, est garni d'hermine; ses mains, dont l'une est dégantée, sont appuyées sur une balustrade. Fond de paysage.

Collection Lacaze. 1829.

PALMA (*École de* Jacopo), dit IL GIOVINE ou LE JEUNE, neveu du précédent, né à Venise en 1544, mort dans la même ville en 1628. (École vénitienne.)

86. *Suzanne et les Vieillards.*

H. 0,43. — L. 0,40. — T. — Fig. de 0,25.

La femme de Joachim, entièrement nue, s'apprête à descendre dans le bassin d'une fontaine que surmonte un amour. Surprise par les deux vieillards, elle veut fuir; l'un d'eux la saisit et cherche à la retenir, tandis que l'autre semble lui expliquer à quel danger elle s'expose si elle résiste à leurs désirs.

Collection Lacaze. 1829.

PALMEZZANI, PALMEZZANO ou **PALMEGIANI** (MARCO), né à Forli, dans la Romagne, vers 1456; peignait encore en 1537. On croit qu'il mourut en 1540. (École lombarde).

87. *Le Christ en croix.*

H. 2,68. — L. 1,85. — B. — Fig. en pied de 1,32.

Au pied de la croix qui occupe le centre du tableau, le peintre a représenté, d'un côté, la Vierge, les mains jointes et les yeux baissés; de l'autre, saint Jérôme. Ce dernier est vêtu d'une tunique violette et d'un manteau rouge; ses regards sont douloureusement tournés vers le Christ; il tient une longue croix d'une main et de l'autre se frappe la poitrine avec une pierre. On aperçoit plus loin saint Antoine et saint Paul ermite se rencontrant et se serrant la main; saint Augustin conversant avec Jésus, qui est figuré sous les traits d'un enfant; saint Jean-Baptiste, saint Jacques monté sur un cheval

ÉCOLES D'ITALIE. — ÉCOLE ESPAGNOLE.

blanc; à droite, au sommet d'une colline, les trois croix de la Passion; à gauche, sur le versant d'une montagne, au bas de laquelle coule une rivière traversée par un pont, des soldats et des mulets chargés de ballots.

Donné par l'État en 1863. — Provient de la collection Campana. — Signé et daté.

PANINI (Giovanni-Paolo), *né à Plaisance en 1695, mort à Rome le 21 octobre 1768.* (École romaine.)

88. *Paysage avec figures.*
H. 1,30. — L. 0,90. — T. — Fig. de 0,19.

A gauche, les ruines d'un temple, composées de quatre colonnes supportant un reste d'entablement. A droite, une statue d'Hercule sur un bloc de pierre. Dans le fond, l'arcade d'un portique, devant lequel six personnages groupés sur un tertre écoutent une femme vêtue de blanc qui chante ou déclame.

Collection Lacaze. 1829.

89. *Paysage avec figures.*
H. 0,66. — L. 0,51. — T. — Fig. de 0,12.

Ruines d'un temple, formées de cinq colonnes corinthiennes. Près d'elles, une femme debout, portant un paquet, paraît demander un renseignement à un berger assis sur une pierre.

Collection Lacaze. 1829.

PAUL VÉRONÈSE. — *Voir* Caliari.

PELLEGRINI ou **PELLEGRINO**, *dit* Tibaldo *ou* Tibaldi, *peintre, sculpteur et architecte, né à Valdesa, dans le Milanais, en 1527, mort à Modène en 1591.* (École lombarde.)

90. *Neptune sur son char.*
H. 0,48. — L. 0,61. — T. — Fig. de 0,33.

Le dieu de la mer, étendu sur un char richement sculpté qu'entraînent des chevaux marins conduits par des tritons, détourne la tête à la vue du malheur qui va fondre sur Ulysse, dont on aperçoit au loin le vaisseau. Pendant que le héros est endormi sur la poupe, ses compagnons, poussés par la curiosité, ouvrent les outres que le roi Éole lui avait confiées. Les vents impétueux qu'elles contenaient s'en échappent, emportent les voiles et soulèvent la tempête.

Collection Lacaze. 1829.

PELLEGRINI (D^{co}). — *Nous n'avons trouvé aucun renseignement sur cet artiste. Le catalogue de MM. Lacour et Delpit dit qu'il se trouvait en Portugal à l'époque de l'occupation de ce pays par les Français.*

91. *Portrait de Mme Junot, depuis duchesse d'Abrantès.*

H. 2,35. — L. 1,42. — T. — Fig. en pied de gr. nat.

Elle est représentée dans un jardin, vêtue d'une robe de velours noir, assise au pied d'un arbre, ayant devant elle sa fille et derrière elle un petit chien.

Peint en 1805. — Donné à la Ville en 1846 par Mme de Puthod. — Signé et daté.

PERUGIN. — *Voir* VANNUCCI (PIETRO).

PIETRE DE CORTONE. — *Voir* BERRETTINI.

PONTE (JACOPO DA), *dit* IL BASSANO *ou* JACQUES BASSAN, *né à Bassano en 1510, mort dans la même ville le 13 février 1592.* (École vénitienne.)

92. *La Sortie de l'arche.*

H. 1,05. — L. 1,21. — B. — Fig. de 0,45.

Au premier plan, à droite, deux hommes sont occupés à scier une poutre, tandis qu'une femme, portant du bois et penchée vers eux, paraît regarder ce qu'ils font. Une autre, à gauche, entourée de vaisselle et d'ustensiles de cuisine, soulève le couvercle d'un coffre, dont elle retire le contenu. Près d'elle, d'autres personnages et des animaux domestiques de toutes sortes. On aperçoit dans le fond l'arche qui s'est arrêtée au sommet du mont Ararat et l'arc-en-ciel qui annonce la réconciliation de Dieu avec les hommes.

Donné par l'État en 1803. — Signé d'un monogramme.

93. *Jésus entre Marthe et Marie.*

H. 1,04. — L. 1,66. — T. — Fig. de 0,85.

Jésus est représenté à gauche entre Marthe et sa sœur,

ÉCOLES D'ITALIE. — ÉCOLE ESPAGNOLE.

Marie de Béthanie. Devant eux une table de cuisine encombrée de toute espèce d'ustensiles et de provisions.

Donné par l'État en 1803.

PONTE (*École de* JACOPO DA).

94. *Les Anges annoncent la naissance de Jésus aux bergers.*

H. 0,89. — L. 0,72. — T. — Fig. de 0,40.

Le premier plan est occupé par deux bergers, une femme et un enfant entourés de divers animaux. L'un des bergers s'est agenouillé en apercevant l'ange qui lui indique la direction dans laquelle se trouve Nazareth. L'autre est à demi-couché et joue de la flûte. Plus loin, des chaumières et des montagnes.

Collection Lacaze. 1829.

PRETI (MATTIA); *dit* IL CALABRESE, *né à Taverna (dans la Calabre) le 24 février 1613, mort à Malte le 15 janvier 1699.* (École napolitaine.)

95. *Un Homme jouant de la guitare.*

H. 1,03. — L. 0,85. — T. — Fig. à mi-corps de gr. nat.

Un homme, vu de profil, chante en s'accompagnant de la guitare; il est coiffé d'une toque noire garnie d'une plume blanche et jaune et vêtu d'un pourpoint à larges bandes, sur lequel est jeté un manteau brun.

Collection Lacaze. 1829.

PROCACCINI (*Attribué à* CAMILLO); *peintre et graveur, né à Bologne en 1546, mort à Milan en 1626.* (École lombarde.)

96. *Salutation angélique.*

H. 0,52. — L. 0,37. — B. — Fig. de 0,27.

La Vierge est à genoux, les mains croisées sur la poitrine, à côté d'un pupitre sur lequel est un livre de prières. L'ange Gabriel, soutenu par ses ailes, lui annonce la volonté divine et les destinées qui lui sont réservées. Au-dessus de la Vierge, le ciel s'est ouvert et laisse voir le Père Éternel au milieu d'une gloire peuplée de chérubins. Le Saint-Esprit, sous la forme d'une colombe, plane immobile et laisse tomber sur la Vierge un souffle où un rayon auquel est suspendue la forme aérienne d'un enfant serrant une croix dans ses bras.

<small>Collection Lacaze. 1829.</small>

PROCACCINI (GIULIO-CESARE), *peintre et sculpteur, né à Bologne vers 1548, mort à Milan vers 1626.* (École lombarde.)

97. *Un Marchand d'esclaves.*

H. 0,50. — L. 0,49. — B. — Fig. de 0,35.

Un marchand d'esclaves, placé en face d'une femme nue, enlève le dernier voile qui la couvre. Derrière celle-ci, un acquéreur avance la main et offre des pièces d'or au marchand.

<small>Collection Lacaze. 1829.</small>

RAFFAELLO SANZIO. — *Voir* SANZIO.

RAIBOLINI (École de FRANCESCO), *dit* IL FRANCIA, *peintre, orfèvre et graveur en médailles, né à Bologne de 1450 à 1455, mort dans la même ville le 6 janvier 1517.* (École bolonaise.)

98. *Le Christ sur la croix.*

H. 0,48. — L. 0,38. — T. — Fig. de 0,26.

Le Christ est attaché sur la croix, vivant encore, mais touchant au terme de son agonie. Deux anges portés sur des nuages se tiennent de chaque côté de la croix et pleurent la mort du Christ. Au second plan, à gauche, on distingue quelques soldats qui se retirent. Dans le fond, la ville de Jérusalem, sur laquelle les ténèbres commencent à descendre.

<small>Collection Lacaze. 1829.</small>

RENI (GUIDO), *peintre et graveur, né à Calvenzano, près Bologne, le 4 novembre 1575, mort le 18 août 1642.* (École bolonaise.)

99. *Madeleine.*

H. 0,75. — L. 0,94. — T. — Fig. de gr. nat.

Madeleine est représentée dans une grotte, les mains

croisées sur la poitrine, les bras et les épaules nus. Ses yeux sont fixés avec tristesse sur une tête de mort et sur un crucifix placés devant elle. A gauche, un enfant tenant un vase.

Acheté par la Ville en 1860. — Provient du cabinet de M. R. Brown.

100. *Ravissement de Madeleine.*

H. 0,49. — L. 0,36. — T. — Fig. de 0,33.

La Sainte, à moitié couverte par sa chevelure et par une longue draperie brun-jaune, les bras croisés sur la poitrine, s'élève vers le ciel, où la conduisent trois anges, dont l'un tient un ciboire. D'autres anges lui font cortège et répandent des fleurs autour d'elle.

Collection Lacaze. 1829.

Ce tableau avait fait partie du cabinet de M. de Rastade, président du parlement d'Aix.

RENI (*École de* GUIDO).

101. *Tête d'homme.*

H. 0,65. — L. 0,53. — T. — Buste de gr. nat.

Portrait d'un jeune homme, coiffé d'une espèce de turban que surmonte un plumet et portant une cuirasse recouverte d'un manteau.

Collection Lacaze. 1829.

On lit derrière la toile : *Tableau retiré de l'hôtel d'Antin en 1755.*

102. *La Mère de douleur.*

H. 0,54. — L. 0,46. — T. — Buste de gr. nat.

Elle est représentée de trois quarts, vêtue d'une tunique rose et d'un manteau bleu qui lui couvre la tête.

Collection Lacaze. 1829.

RIBERA (*Attribué au chevalier* JOSEF *ou* JUSEPE DE), *dit* L'ESPAGNOLET, *peintre et graveur, né le 12 janvier 1588 à Jativa (aujourd'hui San-Felipe), près de Valence, mort à Naples en 1656.* (École espagnole.)

103. *Un Conciliabule.*

H. 1,20. — L. 1,73. — T. — Fig. jusqu'aux genoux de gr. nat.

Sept personnages, debout, vêtus d'une tunique grossière, serrée à la taille par une ceinture, paraissent discuter un projet. Celui qui occupe le centre de la composition est vu de face, à la poitrine découverte, les bras nus, et s'appuie de la main droite sur un long bâton. Il adresse la parole à son voisin, qui, la tête baissée et les bras croisés, semble méditer sur l'avis qui vient d'être émis.

Collection Lacaze. 1829.

104. *Assemblée de religieux.*

H. 1,21. — L. 1,72. — T. — Fig. jusqu'aux genoux de gr. nat.

Un religieux, assis dans un fauteuil, vêtu d'une tunique blanche et coiffé d'une calotte noire, tient un manuscrit sur lequel sont penchés deux personnages occupés à lire ou à commenter le texte qui leur est présenté. Quatre autres sont placés derrière ceux-ci et paraissent attendre le résultat de cet examen.

Collection Lacaze. 1829.

RIBERA (*École de*).

105. *Vieille Femme lisant.*

H. 0,74. — L. 0,57. — T. — Buste de gr. nat.

Vue de trois quarts, la tête couverte d'une draperie grise, qui retombe sur les épaules et enveloppe le corps, elle a les yeux fixés sur un livre ouvert qu'elle tient entre les mains.

Legs de M. Oldekop. — 1858.

RICCI (Marco), *né à Belluno en 1680, mort à Venise en 1730.* (École vénitienne.)

106. *Saint Antoine invoquant la Vierge.*

H. 1,12. — L. 0,65. — T. — Fig. de 0,55.

Le Saint, debout, à gauche, est tourné vers la Vierge, qui lui apparaît sur un nuage, accompagnée de deux anges et tenant l'Enfant Jésus sur ses genoux.

Collection Lacaze. 1829.

107. *Saint Paul et saint François.*

H. 1,12. — L. 0,65. — T. — Fig. de 0,55.

Saint François, debout, appuyé contre un rocher, ayant à ses pieds un livre ouvert, serre contre sa poitrine un long bâton surmonté d'un écusson, sur lequel est

ÉCOLES D'ITALIE. — ÉCOLE ESPAGNOLE.

tracé le mot *Charitas*. Près de lui, saint Paul, assis, semble méditer sur une tête de mort qu'il tient sur ses genoux, tandis que des anges descendent du ciel sur des nuages.

Collection Lacaze. 1829.

RICCI ou **RIZZI** (SEBASTIANO), *né à Belluno en 1662, mort à Venise le 15 mai 1734.* (École vénitienne.)

108. *L'Amour jaloux de la Fidélité.*

H. 1,12. — L. 1,60. — T. — Fig. en pied de gr. nat.

Deux Nymphes, dont l'une est entièrement nue et à demi-couchée sur une draperie rouge, caressent un chien, qu'un amour s'efforce en vain de retenir. Derrière elles s'élèvent de grands arbres. Dans le fond, à gauche, on aperçoit une rivière bordée de rochers.

Collection Lacaze. 1829.

Cette composition a été gravée et lithographiée par M. Lacour dans le *Musée d'Aquitaine* et dans les *Études sur les vieux maîtres*.

ROBUSTI (*École de* DOMENICO), *né à Venise en 1562, mort dans la même ville en 1637.* (École vénitienne.)

109. *Portrait d'un noble Vénitien.*

H. 1,02. — L. 0,83. — T. — Fig. de gr. nat.

Il est représenté debout, à mi-corps, vêtu d'une robe de damas rouge.

Collection Lacaze. 1829.

ROBUSTI (MARIA), *dite* MARIETTA TINTORELLA, *née à Venise en 1560, morte dans la même ville en 1590.* (École vénitienne.)

110. *Portrait du sénateur André Capello.*

H. 1,19. — L. 1,05. — T. — Fig. à mi-corps de gr. nat.

Ce personnage est debout, vêtu d'une robe rouge bordée de fourrures; il tient ses gants de la main gauche et appuie la main droite sur un livre. A gauche, sur une muraille, on lit l'inscription suivante: ANDREAS CAPELLO LAURENTII FILIUS SENATOR JOHANNIS EQUITIS AC DIVI MARCI PROCURATORIS FRATER.

Collection Lacaze. 1829.

ROSA (Salvator), *peintre, graveur, poète et musicien, né au village de la Renella, près Naples, le 20 juin 1615, mort à Rome le 15 mars 1673.* (École napolitaine.)

111. Un Groupe de soldats.

H. 0,73. — L. 0,98. — T. — Fig. de 0,38.

Plusieurs soldats sont réunis au premier plan d'un paysage, dans lequel on distingue une tour en ruines et un navire que des ouvriers réparent. Les uns, assis ou agenouillés sur le sol, sont occupés à jouer; les autres sont debout et paraissent causer. L'un de ces derniers est vu de dos et s'appuie sur une lance.

Collection Lacaze, 1829.

112. Paysage avec figures.

H. 1,61. — L. 1,31. — T. — Fig. de 0,16.

Au premier plan, à droite, un arbre brisé, dont le tronc et le feuillage se détachent sur la surface d'un fleuve. A gauche, un grand arbre; plus loin, des ruines mêlées de végétation. A l'horizon, des montagnes. Le sujet de cette composition est saint Philippe baptisant l'eunuque d'Ethiopie. Le Saint verse l'eau régénératrice sur la tête de l'eunuque, en présence des serviteurs et de quelques soldats. Sur la route qui borde le fleuve, on voit un char attelé que cachent en partie les rochers de la rive.

Legs de M. Duffour-Dubergier en 1861. — Ce tableau provient de la collection du comte d'Egmond.

113. Ajax.

H. 1,13. — L. 0,88. — T. — Fig. à mi-corps de gr. nat.

Le guerrier tourne brusquement la tête à droite; il porte un casque orné de plumes blanches; les manches de sa tunique sont relevées et il a les bras nus; ses épaules sont protégées par des lames de fer; il tient sa lance d'une main et de l'autre son bouclier.

Legs de M. Duffour-Dubergier en 1861.

ROSA (*Attribué à* Salvator).

114. Portrait.

H. 0,75. — L. 0,60. — T. — Buste de gr. nat.

Personnage à longue barbe rousse, coiffé d'une toque de velours vert ornée de galons d'or et d'une perle.

Legs de M. Duffour-Dubergier en 1861.

ÉCOLES D'ITALIE. — ÉCOLE ESPAGNOLE.

115. *Paysage avec figures.*
H. 0,68. — L. 0,56. — T. — Fig. de 0,09.

Au premier plan, un homme est assis dans un traîneau que deux autres personnes font marcher, l'une en tirant, l'autre en poussant. Plus loin, une mare ombragée par un grand arbre et sur les bords de laquelle on voit divers personnages. A l'horizon, des montagnes.

Acheté par la Ville en 1860. — Provient du cabinet de M. R. Brown.

116. *Paysage avec figures.*
H. 0,59. — L. 0,70. — T. — Fig. de 0,14.

Intérieur de forêt. Près d'un monument votif placé à gauche du tableau, plusieurs religieux sont assis sur la terre et paraissent plongés dans la méditation. Un autre, debout, étend les bras et implore le ciel.

Acheté par la Ville en 1860. — Provient du cabinet de M. R. Brown.

SABATINI (Lorenzo), *dit* Lorenzino da Bologna, *né à Bologne vers 1535, mort à Rome en 1577.* (École bolonaise.)

117. *Sainte-Famille.*
H. 0,95. — L. 0,75. — B. — Fig. jusqu'aux genoux pet. nat.

La Vierge, assise, vue de face, vêtue d'une tunique rose et d'un manteau bleu, tient l'Enfant Jésus sur ses genoux. L'Enfant tourne la tête vers le petit saint Jean, qui semble lui adresser la parole. Derrière ce groupe, on voit saint Joseph et sainte Catherine.

Collection Lacaze. 1829.

SACCHI DI PAVIA (Pier-Francesco), *peignait dans la Lombardie et à Gênes de 1512 à 1526.* (École lombarde.)

118. *Adam et Ève.*
H. 1,90. — L. 1,48. — T. — Fig. en pied de gr. nat.

Ils sont représentés debout et nus à côté de l'arbre du fruit défendu. Ève s'appuie de la main gauche sur l'épaule d'Adam. Près d'eux est l'esprit tentateur sous la forme d'un serpent à tête de femme.

Collection Lacaze. 1829.

SALVATOR. — *Voir* Rosa.

SANZIO (*D'après* Raphaello), *peintre et architecte, né à Urbino le 28 mars 1483, mort à Rome le 6 avril 1520.* (École romaine.)

119. *La Vierge à la chaise.*

Tapisserie ancienne. — H. 1,57. — L. 1,20. — Fig. pet. nat.

Donnée par l'État en 1811.

120. *La Vierge au poisson.*

H. 0,41. — L. 0,32. — C. — Fig. de 0,20.

Au centre du tableau, la Vierge assise tient l'Enfant Jésus sur ses genoux. Un ange lui présente un enfant qui porte un poisson. A droite, saint Jérôme méditant la Sainte-Ecriture.

Legs de M. Guitard en 1875. — Copie par Mme Lauras.

121. *La Messe de Bolsena.*

H. 4,82. — L. 7,00. — T. — Fig. plus gr. que nat.

Au centre de la composition, le prêtre officiant tient l'hostie qui vient d'ensanglanter le corporal. Le pape Jules II agenouillé assiste à la messe ainsi que le cardinal de San Giorgio et plusieurs autres personnages. Dans le bas du tableau, à droite et à gauche, est représentée la foule des assistants, que la vue du miracle qui vient de s'opérer semble remplir d'étonnement et d'admiration.

Donné par l'État en 1872.

SARTO (Andrea del) *ou* André del Sarte. — *Voir* Vannucchi.

SCHIAVONE (Andrea), *dit* **MEDOLA** *ou* **MELDOLA**, *peintre et graveur, né à Sebenico, en Dalmatie, en 1522, mort en 1582.* (École vénitienne.)

122. *Italiens se battant à coups de poignard.*

H. 0,34. — L. 0,44. — B. — Fig. de 0,25.

Un homme, coiffé d'une toque à plumes blanches, vêtu d'un justaucorps qui recouvre une cuirasse, a

ÉCOLES D'ITALIE. — ÉCOLE ESPAGNOLE.

terrassé son adversaire et s'apprête à lui porter un coup de poignard. Au second plan, deux autres personnages, dont on ne voit que la tête.

Collection Lacaze. 1829.

123. *Un Professeur et ses élèves.*

H. 0,34. — L. 0,44. — B. — Fig. de 0,30.

Un enfant tient une feuille de papier, sur laquelle sont tracés des chiffres. Placé derrière lui, le professeur lui indique les propriétés des nombres. Dans le fond, deux autres enfants paraissent écouter la leçon.

Collection Lacaze. 1829.

SEBASTIANO DEL PIOMBO. — *Voir* LUCIANO (SEBASTIANO DI).

SOLE (GIUSEPPE DAL), *né à Bologne en 1654, mort dans la même ville en 1719.* (École bolonaise.)

124. *Paysage avec figures.*

H. 0,97. — L. 1,30. — T. — Fig. de 0,42.

A gauche du tableau, trois figures allégoriques personnifiant la Peinture sont groupées dans un parc, où l'on voit des statues, des colonnes, un portique et une fontaine surmontée d'un jet d'eau. A droite, au second plan, deux promeneurs.

Collection Lacaze. 1829.

SOLIMENA (FRANCESCO), *dit* L'ABATE CICCIO, *né à Nocera de Pagani (dans le territoire de Naples) le 4 octobre 1657, mort à Naples le 5 avril 1747.* (École napolitaine.)

125. *Joseph, dans sa prison, explique les songes du grand échanson et du grand panetier de Pharaon.*

H. 0,73. — L. 0,53. — T. — Fig. de 0,35.

Joseph est assis à terre, à moitié nu et enchaîné. Devant lui sont deux personnages qui paraissent l'écouter avec attention. Un troisième est placé un peu plus loin, également attentif aux paroles du prisonnier.

Donné par l'État en 1803.

SPADA (Leonello ou Lionello), *né à Bologne en 1576, mort à Parme le 17 mai 1622.* (École bolonaise.)

126. *Les Quatre Ages de la vie.*

H. 1,12. — L. 1,46. — T. — Fig. à mi-corps de gr. nat.

A côté d'un enfant qui s'amuse avec un oiseau, un jeune homme joue de la guitare; derrière eux, un homme d'un âge mûr, tenant un compas, paraît méditer; à droite, un vieillard compte son or d'une main et de l'autre tient un verre à demi-plein.

Collection Lacaze. 1829.

SPINELLO (Aretino), *né à Arezzo (Toscane) en 1330, mort dans la même ville en 1410.* (École florentine.)

127. *Le Christ sur la croix.*

H. 0,82. — L. 0,35. — B. — Fig. de 0,33.

Le Christ est attaché sur la croix. A sa droite, la Vierge, debout, les bras étendus, le contemple avec douleur; en face d'elle saint Jean, les mains jointes, lève aussi ses regards vers le Christ expirant. De chaque côté de la croix sont placés des anges; l'un d'eux reçoit dans un calice le sang qui coule d'une blessure faite au flanc du Sauveur. Au-dessus de la croix, on voit une colombe, entourée de feuilles vertes, qui s'ouvre elle-même le sein pour donner son sang à ses petits. Dans la partie supérieure du panneau, le Père Éternel est représenté tenant un livre ouvert et levant la main pour bénir.

Donné par l'État en 1863. — Provient de la collection Campana.

TAVELLA (Carlo-Antonio), *né à Milan en 1668, mort à Gênes en 1738.* (École lombarde.)

128. *Madeleine et deux Chérubins.*

H. 0,70. — L. 1,10. — T. — Fig. pet. nat.

La Sainte est vue de face, jusqu'aux genoux. Appuyée sur le bras gauche, elle tient de la main droite une tête de mort. Ses yeux sont remplis de larmes; ses cheveux blonds retombent sur sa poitrine nue. A gauche, deux chérubins la contemplent.

Collection Lacaze. 1829.

ÉCOLES D'ITALIE. — ÉCOLE ESPAGNOLE.

129. *Madeleine dans une grotte.*

H. 0,48. — L. 0,36. — T. — Fig. de 0,12.

Au milieu des rochers de la solitude où elle s'est retirée, la Sainte, à demi-vêtue d'un manteau rouge, est agenouillée devant un livre et une tête de mort; elle médite et pleure, tenant un crucifix qu'elle presse sur ses lèvres.

Collection Lacaze. 1829.

TEMPESTA (ANTONIO), *peintre et graveur, né à Florence en 1555, mort dans la même ville en 1630.* (École florentine.)

130. *Vue d'Italie.*

H. 0,33. — L. 0,43. — T. — Fig. de 0,12.

Au premier plan, un berger assis, gardant des moutons. A gauche, une tour en ruines. Vers le centre, un chemin traversant un vallon et dans lequel passe un homme à cheval précédé d'un troupeau. A droite, des fabriques au sommet d'un massif de rochers.

Collection Lacaze. 1829.

131. *Vue d'Italie.*

H. 0,33. — L. 0,43. — T. — Fig. de 0,12.

Un berger, assis sur un rocher, garde un troupeau de chèvres et de moutons. A gauche, un village au sommet d'un coteau. A l'horizon, des montagnes.

Collection Lacaze. 1829.

TIARINI (ALESSANDRO), *né à Bologne le 20 mars 1577, mort dans la même ville le 8 février 1668.* (École bolonaise.)

132. *Vision de la Vierge.*

H. 0,53. — L. 0,42. — C. — Fig. de 0,36.

La Vierge, encore enfant, ayant près d'elle son père, sa mère et un ange, aperçoit dans le ciel la Sainte-Trinité, qui lui révèle ses destinées futures.

Collection Lacaze. 1829. — Vient du palais Zampieri.

TIBALDI. — *Voir* PELLEGRINI.

TIEPOLO (Giovanni-Battista), *né à Venise en 1692; mort à Madrid le 25 mars 1769.* (École vénitienne.)

133. *Eliezer et Rebecca.*

H. 0,97. — L. 1,37. — T. — Fig. pet. nat.

Eliezer, représenté à mi-corps et tourné à droite, met un bracelet de perles au bras de Rebecca. Celle-ci est debout et a le bras gauche appuyé sur un vase. On voit au second plan les bustes de deux jeunes filles et, dans le fond, à gauche, les têtes des chameaux qui ont transporté Eliezer et sa suite.

Collection Lacaze. 1829. — *Gravé par M. Lacour* (Musée d'Aquitaine, t. II, p. 224).

TINTORELLA. — Voir Robusti (Maria).

TITIEN, TIZIANO. — Voir Vecellio.

TORRE (Flaminio), *né à Bologne en 1621, mort à Modène en 1661.* (École lombarde.)

134. *Saint Jérôme.*

H. 0,63. — L. 0,51. — T. — Fig. de gr. nat.

Buste éclairé par en haut, les épaules nues, la tête baissée.

Collection Lacaze. 1829.

TREVISANI (Francesco), *né à Capo d'Istria le 10 avril 1656; mort à Rome le 30 juillet 1746.* (École vénitienne.)

135. *Tête de Vierge.*

H. 0,50. — L. 0,31. — T. — Fig. pet. nat.

La Vierge, vue de trois quarts, vêtue d'un manteau bleu, a les yeux baissés et les mains croisées sur la poitrine.

Donné par l'État en 1803.

TURCHI (Alessandro), ou Alexandre **VÉRONÈSE**, *dit l'Orbetto, né à Vérone en 1582; mort à Rome en 1648.* (École vénitienne.)

136. *Sainte Catherine.*

H. 0,66. — L. 0,48. — T. — Fig. pet. nat.

Vue à mi-corps, vêtue d'une tunique rouge, elle tient

une palme de la main droite. La main gauche est placée sur une roue.
Collection Lacaze. 1829.

VANNI (IL CAVALIERE-FRANCESCO), *peintre, graveur, architecte et mécanicien, né à Sienne en 1563, mort dans la même ville le 25 octobre 1609.* (École florentine.)

137. *Saint Pierre reniant son maître.*

H. 0,65. — L. 0,58. — T. — Fig. de 0,47.

Saint Pierre est assis près d'un brasier; il se tourne vers la servante du grand-prêtre, qui l'avait accusé d'être un disciple de Jésus, et lui dit : « Je ne le connais point et je ne sais ce que vous voulez dire. » Dans le fond, à gauche, un jeune soldat, la main droite appuyée sur une lance; derrière lui, deux autres personnages, dont l'un tient un bouclier.
Collection Lacaze. 1829.

VANNUCCHI (*D'après* ANDREA), *dit* ANDREA DEL SARTO, *né à Florence en 1488, mort dans la même ville en 1530.* (École florentine.)

138. *Sainte-Famille.*

H. 1,29. — L. 1,02. — B. — Fig. pet. nat.

A gauche, la Vierge, assise par terre, tient l'Enfant Jésus qui tourne la tête vers sainte Elisabeth. Le jeune saint Jean, debout et élevant la main droite vers le ciel, est retenu par sa mère. Deux anges sont derrière la Vierge. (*Extrait de la Notice du Musée du Louvre.*)
Donné par l'État en 1819.

VANNUCCI (PIETRO), *dit* IL PERUGINO *ou* LE PÉRUGIN, *né à Castello della Pieve (près de Pérouse) en 1446, mort à Castello-Fontignano (dans les environs de Pérouse) en décembre 1524.* (École ombrienne.)

139. *La Vierge, l'Enfant Jésus, saint Jérôme et saint Augustin.*

H. 2,17. — L. 1,85. — B. — Fig. pet. nat.

Sur un trône en forme de niche, décoré d'ornements

rehaussés d'or, la Vierge est assise tenant sur ses genoux l'Enfant Jésus debout et la main droite levée. A gauche, saint Jérôme, en costume de cardinal, méditant la Sainte-Ecriture. A droite, saint Augustin, vêtu de noir et portant un manteau jaune bordé de rouge, tient de la main gauche une crosse d'archevêque et de la main droite un livre ouvert. Au-dessus du trône, des anges et des chérubins dans l'attitude de l'adoration.

Donné par l'État en 1803. — Provient de l'église des Augustins de Pérouse.

VAROTARI (*Attribué à* ALESSANDRO), *dit* IL PADOVANINO *ou le* PADOUAN, *né à Padoue en 1590, mort en 1650.* (École vénitienne.)

140. *La Vierge et l'Enfant Jésus.*

H. 0,93. — L. 0,66. — T. — Fig. de gr. nat.

La Vierge, vue à mi-corps, vêtue d'une tunique rouge et d'un manteau bleu, soutient l'Enfant Jésus, qui est nu et debout devant elle.

Collection Lacaze. 1829.

141. *Tête colossale de femme.*

H. 1,17. — L. 0,89. — T. — Fig. plus gr. que nat.

Jeune femme représentée de face, vêtue d'une draperie jaune et la tête ornée d'une guirlande de feuillage : elle tient une flèche de la main droite.

Collection Lacaze. 1829.

142. *Tête colossale de femme.*

H. 1,17. — L. 0,89. — T. — Fig. plus gr. que nat.

Jeune femme vue de profil, ayant les épaules couvertes d'une draperie grise et la main gauche placée sur la poitrine.

Collection Lacaze. 1829.

VASARI (GIORGIO), *peintre et architecte, né à Arezzo en 1512, mort à Florence le 27 juin 1574.* (École florentine.)

143. *Sainte-Famille.*

H. 1,03. — L. 0,79. — B. — Fig. de gr. nat.

La Vierge, debout, à mi-corps et vue de face, soutient d'une main la tête de l'Enfant Jésus endormi, et de

ÉCOLES D'ITALIE. — ÉCOLE ESPAGNOLE. 61

l'autre attire auprès d'elle le petit saint Jean. Dans le fond, on voit à gauche saint Joseph et à droite saint François.

Acheté par la Ville en 1853.

VASSILACCHI (Antonio), *dit* l'Aliense, *né à Milo (Grèce) en 1556, mort à Venise en 1629.* (École vénitienne.)

144. *Adoration des Mages.*

H. 0,94. — L. 1,19. — T. — Fig. de 0,53.

A droite, la Vierge, debout à côté d'un bœuf, tient l'Enfant Jésus sous les bras, tandis que les rois mages, accompagnés de leurs serviteurs, offrent à l'Enfant les présents qu'ils ont apportés. Derrière la Vierge est placé saint Joseph.

Collection Lacaze. 1829.

VECCHIA (Pietro della), *né à Venise en 1605, mort dans la même ville en 1678.* (École vénitienne.)

145. *Portrait d'un Docteur.*

H. 0,62. — L. 0,50. — T. — Buste de gr. nat.

Ce personnage est coiffé d'une calotte noire et vêtu d'une robe de même couleur ornée d'une bande de fourrure blanche.

Collection Lacaze. 1829.

VECELLIO (Tiziano), *dit* le Titien, *né au bourg de Pieve (chef-lieu de l'ancienne province de Cadore) en 1477, mort de la peste le 27 août 1576.* (École vénitienne.)

146. *Triomphe de Galatée.*

H. 0,39. — L. 0,73. — B. — Fig. de 0,35.

Galatée, presque entièrement nue, vue de dos, mais la tête de profil, est assise sur une conque traînée par des dauphins ; elle s'éloigne du rivage, entourée d'amours et précédée d'un triton qui souffle dans sa trompe marine.

Collection Lacaze. 1829.

VECELLIO (*Attribué à* Tiziano).

147. *La Femme adultère.*

H. 1,30. — L. 1,98. — T. — Fig. jusqu'aux genoux de gr. nat.

Au centre du tableau, le Christ, entouré de docteurs

et de pharisiens, leur montre la femme coupable, qui vient d'être amenée devant lui. Celle-ci est debout à droite, les mains liées, les yeux baissés, la poitrine et les épaules nues, mais encore parée de ses bijoux. Le Christ se tournant vers ceux qui l'ont interrogé, prononce ces paroles : « Que celui de vous qui est sans péché lui jette la première pierre. »

Donné par l'État en 1803. — Ce tableau a fait partie de la collection du palais ducal de Modène.

148. — *Tarquin et Lucrèce.*

H. 1,93. — L. 1,43. — T. — Fig. de gr. nat.

Sextus Tarquin se précipite sur Lucrèce, qui cherche en vain à fuir; saisissant de la main gauche le bras de la jeune femme, qui est nue et à demi-renversée sur son lit, il la menace de la frapper avec un poignard qu'il tient de l'autre main, si elle refuse de céder à ses désirs.

Donné par l'État en 1803. — Provient de l'ancien cabinet du Roi.

VECELLIO (D'après Tiziano).

149. *Philippe II et sa maîtresse.*

H. 1,12. — L. 2,05. — T. — Fig. de gr. nat.

Jeune femme entièrement nue, couchée sur un divan recouvert de draperies blanches. Un amour la couronne de fleurs. A ses pieds est assis un jeune homme qui tient une guitare.

Legs de M. Duffour-Dubergier en 1807.

L'original de ce tableau a été gravé par J. Brouilliard et faisait partie de la galerie du duc d'Orléans.

VECELLIO (École de Tiziano).

150. *Sainte Madeleine.*

H. 0,87. — L. 0,64. — B. — Fig. de gr. nat.

La Sainte est représentée de face et à mi-corps; elle lève les yeux vers le ciel et se voile avec sa chevelure.

Donné par l'État en 1803. — Provient de l'ancien cabinet du roi.

VÉRONÈSE (Alexandre). — *Voir* Turchi.

VÉRONÈSE (Paul). — *Voir* Caliari.

VOLTERRANO. — *Voir* Franceschini.

ÉCOLES D'ITALIE. — ÉCOLE ESPAGNOLE.

WEISS (Maria del Rosario), *née à Madrid vers 1814, morte dans la même ville le 31 juillet 1840.* (École espagnole.)

151. *Une Sylphide.*
     H. 0,69. — L. 0,57. — T. — Buste de gr. nat.

Jeune fille, vue de profil, vêtue d'une écharpe blanche et transparente. La main gauche est relevée près de l'épaule; de la main droite elle fait en souriant le geste du silence.

Acheté par la Ville en 1848.

ZANCHI (Antonio), *né à Este, près de Padoue, en 1639, mort à Venise en 1722.* (École vénitienne.)

152. *Le bon Samaritain.*
     H. 0,90. — L. 1,13. — T. — Fig. pet. nat.

Au centre de la composition, un jeune homme est étendu sur le dos, dépouillé de ses vêtements et blessé. Il est vu en raccourci, la tête tournée du côté du spectateur. A gauche, le Samaritain, aidé de son serviteur, examine ses blessures et s'apprête à les panser. On aperçoit dans le fond le cheval du Samaritain.

Collection Lacaze. 1829.

ZAPPI. — *Voir* Fontana.

ÉCOLES

FLAMANDE, HOLLANDAISE ET ALLEMANDE

ÉCOLES

FLAMANDE, HOLLANDAISE ET ALLEMANDE

ACHENBACH (André), *né à Cassel (Hesse électorale), élève de Schirmer.* (École allemande.)

153. Marine.

H. 0,86. — L. 1,12. — T. — Fig. de 0,06.

Le vent chasse d'épais nuages amoncelés par la tempête, et découvre une partie du ciel. Une vive lumière se répand sur les vagues encore soulevées; des matelots s'avancent dans la mer et vont au secours d'une chaloupe échouée sur des brisants. Au premier plan, un groupe de figures; dans le fond, à droite, un phare allumé.

Acheté par la Ville à l'exposition de la Société des Amis des arts de Bordeaux en 1855. — Signé et daté.

ARTHOIS (Jacques d'), *dit* van Artois, *né à Bruxelles en 1613, mort dans la même ville en 1665.* (École flamande.)

154. Paysage.

H. 0,39. — L. 0,58. — B. — Fig. de 0,05.

Un chemin creux descend entre deux collines vers un village dont on n'aperçoit que les toits. Des bohémiens arrêtés sur la route disent la bonne aventure à un paysan. Sur un monticule, à gauche, on voit un berger gardant un troupeau de moutons; à droite, une plaine limitée par des coteaux.

Collection Lacaze. 1829.

155. *Paysage.*

H. 0,39. — L. 0,58. — B. — Fig. de 0,05.

Deux hommes causent ensemble au bord d'un chemin qui traverse un pays boisé et accidenté; un voyageur, vêtu d'un habit rouge et portant un paquet, se dirige de leur côté. Au second plan, à droite, un berger conduisant un troupeau de moutons; plus loin, le clocher d'une église, et, à l'horizon, des montagnes.

Collection Lacaze. 1829. — Signé d'un monogramme.

ASSELYN (Jan), *né à Anvers en 1610, mort à Amsterdam en 1660.* (École hollandaise.)

156. *Paysage.*

H. 0,39. — L. 0,50. — B. — Fig. de 0,20.

Au premier plan, un homme est occupé à traire une vache. A côté de lui, un chien blanc, des brebis et des chèvres. Dans le fond, une petite rivière, au bord de laquelle on distingue des chaloupes et les chaumières d'un village.

Collection Lacaze. 1829. — Signé et daté.

BACKUISEN, BAKUYSEN ou **BACKYSEN** (Ludolf), *peintre et graveur, né à Embdem, ville de Westphalie, en 1631, mort à Amsterdam le 7 novembre 1709.* (École hollandaise.)

157. *Marine.*

H. 1,00. — L. 1,30. — T. — Fig. de 0,04.

Deux vaisseaux de guerre, arrêtés près d'un port, semblent faire un signal. On voit sur la mer plusieurs embarcations; à droite, un phare à demi-ruiné; un peu plus loin, une ville fortifiée; à l'horizon, des montagnes.

Collection Lacaze. 1829. — Signé.

158. *Marine.*

H. 0,84. — L. 0,85. — T.

Trois navires sur une mer orageuse. A gauche, un rocher, sur lequel est un arbre courbé par la tempête.

Collection Lacaze. 1829.

ÉCOLES FLAMANDE, HOLLANDAISE ET ALLEMANDE. 69

159. Marine.

H. 0,84. — L. 0,83. — T. — Fig. de 0,06.

La mer est calme, le ciel parsemé de nuages vivement éclairés. Un navire, les voiles déployées, mais à peine enflées par le vent, occupe le centre de la composition. Çà et là quelques embarcations. A droite, au premier plan, une jetée, et, dans le fond, une ville.

Collection Lacaze. 1829.

BAUDOIN. — Voir BOUDEWINS.

BECCARD (JAN VAN). XVIIᵉ siècle. (École flamande.)

160. Marine.

H. 0,59. — L. 0,87. — T.

Vue intérieure d'une ville maritime. L'entrée du port, qui contient un grand nombre de navires, est fermée par un pont de bois jeté sur un canal. Au premier plan, des maisons, que domine un clocher.

Collection Lacaze. 1829. — Signé.

BECK (VAN). XVIIᵉ siècle. (École hollandaise.)

161. Marine. — Mer calme.

H. 0,60. — L. 0,95. — B.

Deux bricks portant pavillon hollandais. Plus loin, deux autres bâtiments. A droite, des rochers.

Collection Lacaze. 1829.

BEERSTRAATEN ou **BEERESTRATEN** (Attribué à JAN). XVIIᵉ siècle. (École hollandaise.)

162. Marine.

H. 0,33. — L. 0,39. — B. — Fig. de 0,02.

Dans le fond, un vaisseau sous voiles et plusieurs embarcations. Plus en avant, à droite, une grande barque portant pavillon hollandais. Au premier plan, à gauche et dans l'ombre, un filet attaché à des pieux. A côté, un canot monté par deux pêcheurs.

Collection Lacaze. 1829. — Signé d'un monogramme.

163. Marine.

H. 0,33. — L. 0,39. — B. — Fig. de 0,02.

Le ciel est chargé de nuages. On voit sur la mer un

trois-mâts portant pavillon hollandais et n'ayant que ses basses voiles. Çà et là, plusieurs embarcations de moindre importance. Au premier plan, une barque de pêche montée par cinq hommes.

Collection Lacaze. 1829. — Signé d'un monogramme.

BEGA (*École de* KORNELIS BEGYN, *dit*), *peintre et graveur, né à Harlem en 1620, mort de la peste dans la même ville le 27 août 1664.* (École hollandaise.)

164. *Scène d'intérieur.*

H. 0,26. — L. 0,21. — B. — Fig. de 0,17.

Un paysan regarde amoureusement une femme, qui, assise sur ses genoux, lui présente un verre.

Collection Lacaze. 1829.

BEICH *ou* **BEISCH** (JOACHIM-FRANÇOIS), *né à Ravensbourg en 1665, mort à Munich en 1748.* (École allemande.)

165. *Paysage.*

H. 0,41. — L. 0,54. — T. — Fig. de 0,06.

Au premier plan, un massif de rochers, au pied duquel on voit deux hommes. Plus loin, une mare entourée d'arbres. Au delà s'étend un plateau rocheux.

Collection Lacaze. 1829. — Signé.

BERGHEM *ou* **BERCHEM** (NICOLAAS), *né à Harlem en 1620, mort dans la même ville le 18 février 1683.* (École hollandaise.)

166. *Paysage.*

H. 0,57. — L. 0,72. — T. — Fig. de 0,17.

Au premier plan, devant un groupe d'arbres, sont réunis divers animaux près desquels on voit deux paysannes : l'une d'elles, debout et le sein nu, tient sous le bras un panier plein de légumes; l'autre est occupée à traire une chèvre. Au second plan, un laboureur conduisant une charrue. Plus loin, quelques maisons et, à l'horizon, des montagnes.

Collection Lacaze. 1829.

ÉCOLES FLAMANDE, HOLLANDAISE ET ALLEMANDE.   71

BOIS (CORNEILLE DU), *né à Anvers. XVIIe siècle.* (École flamande.)

167. *Paysage.*

H. 0,40. — L. 0,61. — B. — Fig. de 0,04.

La vue est bornée par des arbres, au milieu desquels on aperçoit des toits de chaume et le clocher d'une église de village. Au premier plan, un homme à cheval suit un chemin qui conduit près d'un champ où sont rangées des gerbes de blé. A gauche, un homme est assis au bord du chemin, ayant à côté de lui un paquet et un bâton. Plusieurs autres figurines animent le paysage.

Collection Lacaze. 1829. — Signé et daté.

BONAVENTURE. — *Voir* PEETERS.

BOUDEWYNS (ANTON-FRANZ), *peintre et graveur, né à Bruxelles en 1660, mort en 1700; a constamment travaillé avec Pierre Bout, qui ornait ses tableaux de figures très estimées.* (École flamande.)

168. *Paysage.* — *Le Village attaqué.*

H. 0,46. — L. 0,53. — T. — Fig. de 0,06.

Des condottieri, les uns à cheval, les autres à pied, viennent d'attaquer un village. Les habitants cherchent à fuir, en poussant devant eux leurs troupeaux. Des femmes, montées sur des ânes, tiennent leurs enfants dans les bras. L'un des bandits, le sabre à la main, a renversé un homme, dont il paraît vouloir enlever la femme. A gauche, on voit un paysan qui s'est jeté à l'eau, pour échapper à un brigand qui le poursuit.

Acheté par la Ville en 1850.

169. *Paysage.* — *Le Village sauvé.*

H. 0,46. — L. 0,53. — T. — Fig. de 0,06.

La composition de ce tableau fait suite à celle du précédent. Les paysans ont saisi des armes et reviennent sur leurs agresseurs, qu'ils mettent en déroute.

Acheté par la Ville en 1850.

170. *Port de mer.*

H. 0,40. — L. 0,56. — Maroufié sur B. — Fig. de 0,07.

Vue intérieure d'une place où se tient un marché.

Une ancienne porte de ville occupe le centre du tableau. Au premier plan, trois personnages richement vêtus regardent un poisson que leur présente un pêcheur. Dans le lointain, on aperçoit la silhouette d'une ville et un bras de mer sillonné par de nombreuses embarcations.

Collection Lacaze. 1829.

171. Fête villageoise.

H. 0,40. — L. 0,56. — Maroufflé sur B. — Fig. de 0,05.

Au premier plan, à gauche, un grand arbre. A droite, une sorte de portique à demi-ruiné. Des villageois conduisent, au son du fifre et du tambour, un bœuf couronné de fleurs. Au centre du tableau, un cavalier vêtu de bleu est arrêté, un pot de bière à la main, tandis qu'un jeune garçon tient son cheval par la bride. Çà et là, divers groupes de paysans, des maisons et des animaux.

Collection Lacaze. 1829.

BRAKENBURGH (Richard), *peintre, graveur et poète, né à Harlem en 1650, mort dans la même ville en 1702.* (École hollandaise.)

172. Intérieur d'estaminet hollandais.

H. 0,40. — L. 0,49. — T. — Fig. de 0,17.

Plusieurs groupes, composés d'hommes et de femmes, sont rangés le long d'une grande salle. Sur le premier plan, à gauche, deux enfants s'amusent, l'un avec une poupée, l'autre avec un tambour. A droite, une table couverte d'un riche tapis, sur laquelle on voit une carafe, une assiette et une pipe. A côté, un chien qui lèche un plat. Au fond de la salle, une porte ouverte, laissant voir une autre pièce, où plusieurs personnes sont réunies autour d'une table.

Collection Lacaze. 1829. — Signé et daté.

BRAUWER, BRAWER, BRAUER, BROWER *et* **BROUWER** (Adriaan), *peintre et graveur, né à Harlem en 1608, mort à Anvers en 1640.* (École hollandaise.)

173. Scène d'intérieur.

H. 0,66. — L. 0,85. — T. — Fig. de 0,35.

Au premier plan, plusieurs hommes sont réunis près

d'une table, le verre à la main ou la pipe à la bouche. D'autres jouent aux cartes à une table plus éloignée. L'un d'eux a quitté la partie et fume sa pipe, le dos tourné au feu. Dans le fond, à gauche, une femme s'approche d'un tonneau pour y prendre de la bière.

Collection Lacaze. 1829.

BREEMBERG (Bartholomeus), *peintre et graveur, né à Utrecht en 1620, mort en 1660 ou 1663.* (École hollandaise.)

174. *Intérieur d'une caverne habitée par des bohémiens.*

H. 0,45. — L. 0,60. — C. — Fig. de 0,08.

Ce tableau représente des ruines et une sorte de caverne ayant deux entrées et servant d'habitation à des familles de bohémiens. Au premier plan, deux hommes se battent, un troisième cherche à les séparer, tandis qu'un autre les regarde. A côté d'eux, un cheval gris et deux hommes vêtus à l'orientale. On aperçoit dans le fond un cours d'eau et des femmes qui lavent du linge.

Donné par l'État en 1819.

175. *Marchands forains dans des ruines.*

H. 0,32. — L. 0,45. — C. — Fig. de 0,07.

Plusieurs personnages, les uns à pied, les autres à cheval, sont rangés autour d'une espèce de cirque que dominent les ruines d'un temple. A gauche, une auberge; dans le fond, à droite, des animaux domestiques de toute espèce sont réunis près d'un village au-dessus duquel on voit d'autres ruines.

Collection Lacaze. 1829.

BREUGHEL (Abraham), *dit* de Naples, *peintre et graveur, né à Anvers en 1672, mort en 1720.* (École flamande.)

176. *Vase et fleurs.*

H. 1,67. — L. 1,19. — T.

Vase entouré d'une guirlande de fleurs. A côté, des branches de tournesol et de roses trémières; dans le bas, deux lapins.

Collection Lacaze. 1829. — Don du roi de Bavière.

177. Fleurs et fruits.

H. 1,67. — L. 1,19. — T.

Au premier plan, à côté d'un vase plein de fleurs, un perroquet, deux melons et divers fruits. Dans le fond, les massifs d'un parc.

Collection Lacaze. 1829. — Don du roi de Bavière.

BREUGHEL (JOHANN), *dit* DE VELOURS, *peintre et graveur, né à Bruxelles en 1569 suivant Resta, et, selon d'autres historiens, en 1575 ou en 1589; mort en 1625 ou en 1642 d'après Félibien.* (École flamande.)

178. *Fête flamande dite* de la Rosière.

H. 0,40. — L. 0,50. — C. — Fig. de 0,17.

La scène se passe dans un enclos en plein air. De nombreux villageois se livrent avec animation au plaisir de la danse. Dans le fond, et au centre de la composition, une femme est assise à une table, devant une draperie verte ornée d'une couronne blanche. Sur la table est un plat, dans lequel un homme compte des pièces de monnaie, tandis qu'un autre homme est occupé à écrire.

Collection Lacaze. 1829.

BRIL (PAULUS), *peintre et graveur, né à Anvers en 1554, mort à Rome en 1626.* (École flamande.)

179. *Paysage avec figures.*

H. 0,70. — L. 1,02. — T. — Fig. de 0,12.

A gauche du tableau, une ferme qui vient d'être attaquée par des malfaiteurs. Trois d'entre eux ont arrêté un paysan; un autre poursuit des oies. Au premier plan, un homme à cheval, qui paraît être leur chef, et trois bandits, conduisant deux femmes, dont l'une porte une corbeille sur sa tête.

Collection Lacaze. 1829.

180. Paysage.

H. 0,28. — L. 0,42. — T. — Fig. de 0,04.

A droite, on aperçoit les ruines d'un temple au sommet d'une colline aride. Trois personnages animent le premier plan. L'un, portant un fardeau, s'est assis pour se

ÉCOLES FLAMANDE, HOLLANDAISE ET ALLEMANDE.

reposer; les deux autres montrent le temple, vers lequel ils paraissent se diriger. Çà et là, quelques chèvres.

Acheté par la Ville en 1854.

BRIZE (CORNEILLE), *né en Hollande vers 1556.* (École hollandaise.)

181. *Intérieur d'un corps de garde.*

H. 0,84. — L. 1,22. — T. — Fig. de 0,35.

Dans une salle remplie d'armes, de harnais, de drapeaux et d'armures, sont assis deux personnages dont l'un porte un costume militaire avec une ceinture rouge. Ils causent et fument. Dans le fond, un homme sort de la salle, tenant un broc vide à la main.

Collection Lacaze. 1829.

BROUWER *et* **BROWER**. — *Voir* BRAUWER.

CHAMPAIGNE (PHILIPPE DE), *né à Bruxelles en 1602, mort à Paris le 12 août 1674, et enterré à Saint-Gervais.* (École flamande.)

182. *Songe de saint Joseph.*

H. 3,57. — L. 3,23. — T. — Fig. plus gr. que nat.

A droite de la composition, saint Joseph est endormi sur une chaise; à ses pieds sont placés les instruments de son travail; la tête appuyée sur le bras gauche, il voit en songe un ange aux ailes déployées, qui vient lui révéler la volonté divine et lui faire connaître la destinée réservée à la Vierge. Celle-ci est à gauche, agenouillée devant une table et tenant un livre de prières. Au-dessus de la Vierge, des chérubins planent dans une gloire.

Donné par l'État en 1803.

Ce tableau, que l'on croyait détruit et que Gault de Saint-Germain *(Guide des Amateurs...,* t. Ier, p. 161) prétend avoir appartenu à l'église des Pères de l'Oratoire, à Paris, avait été peint pour la chapelle de l'église des Carmélites. (Voy. Victor Cousin, *Archives de l'Art français,* t. III, p. 85.) — Cette toile a été très endommagée dans l'incendie du 7 décembre 1870.

COOSEMANS (ALEXIS), *florissait vers 1630.* (École hollandaise.)

183. *Guirlande de fruits.*

H. 0,47. — L. 0,83. — T.

Composée de raisins blancs et rouges, d'une grenade

ouverte laissant voir ses grains vermeils, de prunes, de fraises, d'épis de maïs, etc.; elle est suspendue à un mur par des nœuds de ruban bleu.

Collection Lacaze. 1829. — Signé.

CRANACH ou **CRANACH LE VIEUX** (LUCAS SUNDER *dit*), *peintre et graveur, né à Cranach, dans le diocèse de Bamberg (en Franconie), en 1472; mort à Weimar en 1555.* (École allemande.)

184. *Vénus et l'Amour.*

H. 0,21. — L. 0,17. — B. — Fig. à mi-corps de 0,18.

La déesse, presque entièrement nue, est vue de face; une draperie rouge effleure à peine quelques parties de son corps; sur ses épaules flotte une longue chevelure blonde; à sa taille est agrafée la ceinture de beauté. Elle tient la pomme que Pâris lui a décernée, et s'appuie sur l'Amour, qui lui présente une flèche.

Legs de M. Duffour-Dubergier en 1861.

CUYP ou **KUYP** (École d'AALBERT), *peintre et graveur, né à Dordrecht en 1605, mort dans la même ville le 7 novembre 1691.* (École hollandaise.)

185. *Paysage avec animaux.*

H. 0,50. — L. 0,64. — B. — Fig. de 0,13.

Trois vaches sont réunies sur un tertre; deux sont couchées; l'autre est debout et se détache sur le ciel. A côté, deux hommes assis et vus de dos causent avec une femme placée en face d'eux. A droite, une rivière et des bateaux à voiles.

Legs de M. Duffour-Dubergier en 1861.— Provient de la collection Van Schamp.

CUYP (*Attribué à* BENJAMIN), *frère ou, selon quelques auteurs, neveu du précédent. XVIIe siècle.* (École hollandaise.)

186. *Intérieur d'une grange.*

H. 0,74. — L. 0,57. — B. — Fig. de 0,27.

Plusieurs paysans, assis et debout, boivent de la bière et fument. Au premier plan, l'un d'eux allume sa pipe

ÉCOLES FLAMANDE, HOLLANDAISE ET ALLEMANDE.

avec un charbon ardent que lui présente une vieille femme.
Collection Lacaze. 1829.

187. *Intérieur.*

H. 0,51. — L. 0,68. — B. — Fig. de 0,18.

Deux paysans hollandais, assis devant une table, un pot de bière à la main, écoutent un musicien ambulant qui joue du violon.

Acheté par la Ville en 1850. — Provient de la galerie de M. Robert Brown.

On trouve sur ce tableau un monogramme qui l'avait fait attribuer à Rembrandt : R V R. Ce monogramme nous a paru faux. Nous croyons que cette peinture est de Benjamin Cuyp ou de Dietrich, qui, tous les deux, s'étaient exercés à imiter la manière de Rembrandt, de David Téniers et de plusieurs autres maîtres de l'école hollandaise.

DALENS (Dirk Thierry van), *né à Amsterdam en 1659, mort dans la même ville en 1688.* (École hollandaise.)

188. *Paysage.*

H. 0,81. — L. 0,65. — T. — Fig. de 0,07.

Dans le fond, une maison entourée d'arbres devant laquelle est un jardin symétriquement dessiné. Au premier plan, une pièce d'eau, où nagent deux cygnes et qu'ombragent de grands arbres. Deux hommes à cheval, suivis de valets qui portent des fusils, semblent partir pour la chasse.

Collection Lacaze. 1829. — Signé et daté.

DEVRIES. — *Voir* Vries.

DIEPENBEEK (Abraham van), *né à Bois-le-Duc vers 1607, mort à Anvers en 1675.* (École flamande.)

189. *Enlèvement de Ganymède.*

H. 2,06. — L. 2,06. — T. — Fig. en pied de gr. nat.

Assis sur les ailes d'un aigle, Ganymède présente une coupe à deux déesses debout sur des nuages. A gauche, on aperçoit dans l'Olympe le banquet des dieux.

Collection Lacaze. 1829.

On croit que l'aigle a été peint par Snyders. Ce tableau avait été donné à M. de Lacaze par le roi de Bavière.

DIETRICH, DIETERICH ou **DIETRICY** (Christian-Wilhelm-Ernst), *peintre et graveur, né à Weimar le 30 octobre 1712, mort à Dresde en 1774.* (École allemande.)

190. *Sainte-Famille.*

H. 0,66. — L. 0,82. — T. — Fig. de 0,23.

Au centre du tableau, la Vierge assise tient l'Enfant Jésus sur ses genoux. Sainte Élisabeth, agenouillée devant elle, soutient son fils, le petit saint Jean, qui baise les mains de l'Enfant Jésus. Au-dessus du groupe, planent des chérubins et deux anges qui répandent des fleurs. Dans le fond, à droite, saint Joseph est debout, les bras croisés sur la poitrine.

Collection Lacaze. 1829. — Signé.

DIETRICH (*Attribué à* Christian-Wilhelm-Ernst).

191. *Portrait.*

H. 0,70. — L. 0,56. — T. — Buste de gr. nat.

Ce personnage est coiffé d'une toque bleue à plumes noires et blanches, et vêtu d'un pourpoint brun rouge brodé d'or.

Legs de M. Duffour-Dubergier en 1861.

DIETRICH (*Attribué à* Johann), *père du précédent, né en 1684, mort à Dresde en 1752.* (École allemande.)

192. *Vue de Meissen, en Saxe.*

H. 0,23. — L. 0,40. — B.

Au pied d'une colline, qui occupe la droite du tableau et que surmonte un immense château, coule une rivière traversée par un pont dont les arches sont inégales. On voit sur la rivière un radeau et des embarcations portant des maisonnettes en bois.

Collection Lacaze. 1829.

193. *Vue de Pirna, en Saxe.*

H. 0,28. — L. 0,40. — B.

A droite, un château fortifié, bâti sur un monticule, domine une ville que baigne un cours d'eau. A gauche, au premier plan, un grand arbre et quelques figurines.

Collection Lacaze. 1829.

194. Vue de Kœnigstein, en Saxe.
H. 0,23. — L. 0,40. — B.

Une rivière serpente dans une vallée que dominent à droite et à gauche d'énormes rochers flanqués de tours. Le plus rapproché est surmonté d'une ville qui occupe tout le plateau.
Collection Lacaze. 1829.

195. Vue de Saxe.
H. 0,23. — L. 0,40. — B.

A droite, une ville fortifiée au bord d'une rivière traversée par un pont, au milieu duquel on voit un terre-plein surmonté d'une croix. Au premier plan, une sorte de monument votif sur un monticule. A l'horizon, une double rangée de collines.
Collection Lacaze. 1829.

DIETRICY. — *Voir* DIETRICH.

DOES (JAKOB VAN DER), *né à Amsterdam en 1623, mort à La Haye en 1673.* (École hollandaise.)

196. Paysage.
H. 0,41. — L. 0,56. — B. — Fig. de 0,13.

Au premier plan, à gauche, un groupe d'arbres; au centre, un troupeau de chèvres et de vaches, levées ou couchées. A droite, un homme occupé à traire une vache noire. A l'horizon, des montagnes.
Acheté par la Ville en 1849. — Signé.

197. Paysage. — Effet de soir.
H. 0,43. — L. 0,37. — B. — Fig. de 0,12.

A côté d'un âne, dont on ne voit que la tête, un jeune berger pousse de la main des brebis qui s'arrêtent à brouter. A gauche, un rocher couvert d'arbustes et de plantes grimpantes. Dans le fond, des montagnes derrière lesquelles le soleil s'est déjà caché.
Collection Lacaze. 1829.

DUBBELS (HENRI). XVIIIe siècle. (École hollandaise.)

198. Marine.
H. 0,50. — L. 0,42. — T.

Un trois-mâts filant vent arrière, précédé d'une

gabare. Au dernier plan, plusieurs embarcations, voiles déployées.
Collection Lacaze. 1829. — Signé.

199. *Marine.*

H. 0,50. — L. 0,41. — T. — Fig. de 0,04.

Trois chaloupes de pêcheurs réunies sur la mer.
Collection Lacaze. 1829.

DUJARDIN (Karel). — *Voir* Jardin.

DYCK (*Attribué à* Anton van), *peintre et graveur, né à Anvers le 22 mars 1599, mort à Blackfriars, près de Londres, le 9 décembre 1641.* (École flamande.)

200. *La Madeleine pénitente.*

H. 1,01. — L. 0,86. — T. — Fig. à mi-corps de gr. nat.

La Sainte est représentée dans l'intérieur de la grotte où elle s'est retirée. Nue jusqu'à la ceinture, la tête levée, les yeux remplis de larmes, elle paraît plongée dans une sorte d'extase douloureuse. La main gauche est placée sur la poitrine; l'autre main soutient une draperie rouge.
Legs de M. Duffour-Dubergier en 1861.

Ce tableau provient de la galerie du baron von Nägern, où il était désigné comme l'ouvrage que fit Van Dyck pour être admis à l'Académie de San-Luca. Le Musée d'Amsterdam possède un tableau de Van Dyck représentant le même sujet, mais composé d'une manière différente.

DYCK (*École d'*Anton van).

201. *Renaud et Armide.*

H. 1,10. — L. 0,80. — T. — Fig. de 0,45.

Renaud, à moitié désarmé, s'est endormi au pied d'un rocher. Des amours voltigent autour de lui; une jeune naïade sortant d'une fontaine essaie de le charmer par ses chants; Armide debout l'enchaîne avec une guirlande de fleurs.
Collection Lacaze. 1829.

Ce tableau a fait partie de la galerie du prince Henri de Prusse.

DICK (*D'après* Anton van).

202. Descente de croix.

H. 1,16. — L. 1,63. — T. — Fig. de 1,10.

La Vierge assise soutient sur ses genoux le corps inanimé de son Fils étendu sur une draperie blanche; à côté, un ange agenouillé, dans l'attitude de l'adoration.

Collection Lacaze. 1829.

Cette copie a été attribuée à Van Thulden, camarade de Van Dyck et élève de Rubens.

203. Portraits de Robert et de Charles-Louis de Simmeren.

H. 0,62. — L. 0,73. — T. — Fig. à mi-corps de gr. nat.

Le prince Robert est vu de face, la tête nue, couvert d'une armure, mais sans gantelets. Un col de guipure retombe sur sa cuirasse; sa main gauche est appuyée sur la garde de son épée, et la droite tient un bâton de commandement. Le prince Charles est représenté de trois quarts, la main gauche sur le côté, la droite sur sa cuirasse. Dans le fond, un mur, un rideau rouge à dessins noirs, et au milieu un paysage. (*Extrait de la notice du Musée du Louvre.*)

Donné par l'État en 1819. — Copie réduite de l'original, qui est au Musée du Louvre.

204. Portrait de Marie de Médicis.

H. 2,47. — L. 1,46. — T. — Fig. en pied de gr. nat.

Elle est représentée assise, tournée à droite, entièrement vêtue de noir; elle tient des fleurs à la main; sa couronne est placée à côté d'elle sur un tabouret; un petit chien est couché à ses pieds. Dans le fond, à droite, on aperçoit les flèches d'une cathédrale.

Donné par l'État en 1803. — Vient de l'ancien cabinet du roi.

DYCK (École d'Anton van).

205. La Discorde allumant la guerre.

La Discorde entraîne un guerrier, que des femmes et des amours en pleurs essaient en vain de retenir. Dans le fond, à gauche, on aperçoit des hommes occupés à forger des armes.

Donné au Musée en 1859 par M. Poitevin, ancien architecte de la Ville.

206. *Portrait d'un personnage inconnu.*

H. 0,10. — L. 0,10. — C. — Forme ronde.

Collection Lacaze. 1829.

EECKHOUT ou **HECKOUT** (*École de* GERBRANDT VAN DEN), *peintre et graveur, né à Amsterdam le 19 août 1621, mort le 22 juillet 1674.* (École hollandaise.)

207. *Jeune homme jouant de la flûte.*

H. 0,62. — L. 0,46. — B. — Fig. en buste de gr. nat.

Il est représenté de profil, regardant devant lui et tenant une flûte, dont il s'apprête à jouer.

Collection Lacaze. 1829.

ELLINGER, ELLIGER *et* **ELGER** (OTHMAR ou OTTOMAR), *peintre et graveur, né à Hambourg en 1666, mort à Mayence en 1732.* (École allemande.)

208. *Allégorie.*

H. 0,55. — L. 0,75. — T. — Fig. de 0,20.

Au milieu d'un temple d'une riche ordonnance, où préside une divinité tenant d'une main une palme et de l'autre une couronne, Minerve aidée d'une foule de petits génies, qui ont des dards aigus à la main, repousse le dieu de la guerre du sanctuaire où il est entré. Les Furies se tordent au pied de la statue d'Hercule, armé de la massue avec laquelle il combattait les monstres. Une autre déesse, assise sur un trône, tient une guirlande de fruits et de feuillages. Dans le fond, on aperçoit Atlas portant la Terre sur ses épaules.

Collection Lacaze. 1829. — Signé.

ELZHEIMER ou **ELSHEINER** (*Attribué à* ADAM), *peintre et graveur, né à Francfort-sur-le-Mein en 1754, mort à Rome en 1620.* (École allemande.)

209. *Saint Jérôme dans le désert.*

H. 0,17. — L. 0,23. — B. — Fig. de 0,10.

A l'entrée d'une grotte que traverse un ruisseau, saint Jérôme est assis dans l'attitude de la méditation, près d'une table sur laquelle sont des livres, une lampe, une tête de mort et une croix. Le lion, compagnon de sa

ÉCOLES FLAMANDE, HOLLANDAISE ET ALLEMANDE.

solitude, s'est endormi à ses pieds. De la grotte, où le Saint s'est retiré, on aperçoit, à travers les ombres de la nuit, une plaine accidentée. La lune brille dans le ciel, éclairant quelques nuages de sa lueur argentée.

Acheté par la Ville en 1849.

EVERDINGEN (École d'ALDERT VAN), *peintre et graveur, né à Alkmaart en 1621, mort dans la même ville au mois de novembre 1675.* (École hollandaise.)

210. *Esquisse d'un paysage.*

H. 0,37. — L. 0,34. — Marouflé sur B.

Une rivière au premier plan avec une barque montée par trois hommes; au delà de la rivière, un terrain montueux et raviné, s'élevant en amphithéâtre sous un ciel nuageux.

Collection Lacaze. 1829.

FOUQUIÈRES (JAKOB), *peintre et graveur, né à Anvers en 1580, mort à Paris en 1659.* (École flamande.)

211. *Paysage avec figures.*

H. 0,69. — L. 0,86. — B. — Fig. de 0,10.

Dans un chemin qui traverse une forêt, deux voleurs ont attaqué un homme et une femme. L'un d'eux cherche à dépouiller cette dernière, qui demande grâce à genoux; l'autre tire un coup de fusil sur le mari qui a pris la fuite. A gauche, un homme armé d'un bâton paraît venir au secours du couple attaqué.

Collection Lacaze. 1829.

FRANCK, FRANCKEN ou **VRANCK** (FRANZ), dit LE JEUNE, *né à Anvers en 1580, mort dans la même ville en 1642.* (École flamande.)

212. *Le Christ au Calvaire.*

H. 1,02. — L. 1,40. — B. — Fig. de 0,20.

Les trois croix occupent le centre de la composition; au pied de celle du Christ, on distingue Marie-Madeleine, Marie mère de Jacques, Salomé, Joseph d'Arimathie et quelques femmes. Un peu en avant, la Vierge, vêtue de noir, pâlie par la douleur, est debout à côté de saint Jean. Derrière la croix, un des bourreaux, monté sur une échelle, se penche et saisit le roseau auquel est attachée l'éponge imbibée de vinaigre qui doit étancher la soif du Christ. Autour de la scène principale, on voit une foule de personnages de tout âge et de toute condition, assis ou debout, à pied ou à cheval, plusieurs dans une attitude qui indique une complète indifférence. Sur le premier plan, à gauche, des soldats tirent au sort les vêtements du Christ expirant.

Ancienne propriété de la Ville.

213. *Le Christ au Calvaire.*

H. 0,73. — L. 1,06. — B. — Fig. de 0,18.

La composition de ce tableau est semblable à celle du précédent. Le cadre est plus restreint et contient moins de figures; mais l'ordonnance, les costumes et les expressions sont à peu près les mêmes.

Ancienne propriété de la Ville.

FRANCK (École des).

214. *Différentes manières d'arriver à l'immortalité.*

H. 0,73. — L. 1,04. — B. — Fig. de 0,27.

Au premier plan, à gauche, un guerrier, personnifiant sans doute le courage, est assis sur un trône, et domine une foule nombreuse composée d'hommes et de femmes portant des lances et des boucliers. Tandis que Mucius Scévola laisse brûler sa main sur un brasier ardent, une guerrière, le sein nu, étend le bras vers une tête coupée encore ceinte d'une couronne et à demi-plongée dans un vase plein de sang. Au centre du tableau, des savants, théologiens ou littérateurs, sont réunis autour d'une table et paraissent discuter. A droite, sur un plan plus éloigné, on distingue un musicien, un sculpteur, un mathématicien, un peintre, un prédicateur dans sa chaire et la foule qui l'écoute. L'auteur a voulu mettre sous nos yeux, dans cette allégorie, les diverses formes du mérite qui conduit à la gloire. L'idée qu'elle exprime semble se résumer dans un épisode d'un sens un peu obscur placé au-dessus des groupes qui forment le sujet principal. C'est un combat entre des squelettes armés de bâtons et des vivants qui se précipitent à leur rencontre, guidés par une Renommée et portant différents objets qui indiquent leur profession ou leurs titres à l'admiration de la postérité. La victoire de ces derniers symbolise la défaite de la mort et le triomphe de la vie

ÉCOLES FLAMANDE, HOLLANDAISE ET ALLEMANDE.

éternelle, représentée par une figure ailée, qui transporte un héros dans le séjour de l'immortalité.

Collection Lacaze. 1829.

<small>Ce tableau est d'une exécution plus moderne que les deux précédents. Nous avons lieu de penser qu'il n'est pas de la même main, et qu'il convient de l'attribuer à un autre peintre de cette innombrable famille des Franck au milieu de laquelle les biographes, faute de documents précis, ne parviennent pas toujours à se reconnaître.</small>

FYT (Johannes), *peintre et graveur, né à Anvers en 1609, mort dans la même ville en 1661.* (École flamande.)

215. *Nature morte.*

H. 0,66. — L. 0,82. — T.

Un chien épagneul, à demi-caché par le tronc d'un arbre, avance la tête et regarde du gibier, près duquel sont placés divers ustensiles de chasse.

Collection Lacaze. 1829.

GALLE (Hieronimo), *né à Anvers, florissait au XVIIe siècle.* (École flamande.)

216. *Portrait d'un moine entouré d'une guirlande de fleurs.*

H. 0,55. — L. 0,40. — T. — Fig. en buste de 0,15.

Collection Lacaze. 1829. — Signé et daté.

GEDAM. — *Nous n'avons trouvé aucun renseignement sur cet artiste; nous savons seulement, par la date qui accompagne sa signature, qu'il peignait en 1615.*

217. *Saint Jérôme.*

H. 1,00. — L. 1,26. — B. — Fig. à mi-corps de gr. nat.

Assis devant une table, sur laquelle on voit un Christ et plusieurs manuscrits enrichis de miniatures, le Saint tient d'une main une tête de mort, et de l'autre se frappe la poitrine. Derrière lui, la tête d'un lion; dans le fond, un chapeau de cardinal suspendu à la muraille.

Collection Lacaze. 1829. — Signé et daté.

GOVAERTS (A.), *peintre flamand du XVIIe siècle.*

218. *Paysage. — Repos de Diane.*

H. 0,71. — L. 1,11. — B. — Fig. de 0,14.

Après une longue course à travers les bois et les

montagnes, Diane et ses nymphes se sont arrêtées à l'entrée d'une épaisse forêt, et ont cédé au sommeil; leur sein est découvert. On voit près d'elles leurs chiens, leurs armes et le produit de leur chasse. Un lac reflète les ombrages qui les entourent, et s'étend jusqu'à des montagnes boisées qui ferment l'horizon.

Acheté par la Ville en 1848. — *Avait appartenu à M. R. Brown.*

Ce tableau est signé A. GOVAERTS. 1614. « On ignore, dit la notice du *Musée de La Haye*, si cet artiste est le peintre que Van Mander appelle GOVERT, élève de Gerrit Pietersz, d'Amsterdam, au commencement du XVIIe siècle, qui faisait de bons paysages et dessinait des figures spirituelles. Il y eut vers la même époque à Utrecht un peintre nommé Theodoor GOVERTZ, qui fut le maître de H. Verschuring et de T. Camphuysen. » — On cite encore un GOVAARTS qui peignait dans la manière de Breughel et un GOVERT qui, selon Bryan-Stanley, florissait à Amsterdam vers 1610. Ces deux derniers nous paraissent ne faire qu'un avec GOVERT, l'élève de Pietersz. Siret mentionne enfin un GOYVAERTS ou GOUWAERTS (Abraham), qui fut doyen de la corporation de Saint-Luc en 1822.

Quoi qu'il en soit, le Musée de La Haye possède aussi un paysage de ce peintre. Ce paysage, qui est sur bois, comme le nôtre, et à peu près de la même dimension, représente une forêt de chênes; il est signé A. GOVAERTS. 1612, et la signature est identique à celle du tableau de notre Musée.

GOYEN (JAN VAN), *peintre et graveur, né à Leyde en 1596, mort à La Haye en 1656.* (École hollandaise.)

219. *Paysage.*

H. 0,48. — L. 0,55. — B. — Fig. de 0,03.

Au premier plan, dans l'ombre, un tronc d'arbre sur un monticule. Plus loin, un champ de blé moissonné avec une pile de gerbes. A gauche, une chaumière au milieu d'un groupe d'arbres; dans le fond, à droite, une église et les toitures d'une ville au-dessus desquelles on distingue plusieurs clochers.

Collection Lacaze. 1829. — Signé d'un monogramme.

220. *Paysage.*

H. 0,45. — L. 0,63. — B. — Fig. de 0,03.

A gauche du tableau, une tour, deux églises et plusieurs maisons; à droite, un fleuve ou un bras de mer avec des bateaux à voiles; au premier plan, quatre hommes sur des embarcations chargées d'ustensiles de pêche.

Collection Lacaze. 1829. — Signé d'un monogramme et daté.

221. Paysage.

H. 0,49. — L. 0,69. — B. — Fig. de 0,04.

A droite, une église entourée de murailles dont la mer baigne le pied. A gauche, au premier plan, une barque montée par quatre hommes. Plus loin, une jetée, autour de laquelle se pressent des chaloupes de pêcheurs.

Collection Lacaze. 1829. — Signé d'un monogramme et daté.

222. *Paysage avec figures.*

H. 1,65. — L. 1,44. — T. — Fig. de 0,29.

Au pied d'un vieux chêne, qui dresse à droite de la composition ses branches presque entièrement dénudées et brisées par la foudre, une bohémienne, portant un enfant, paraît dire la bonne aventure à trois villageois. Derrière elle, une femme assise tient un enfant appuyé sur ses genoux. A gauche, un homme et deux chiens. Plus loin, deux paysans à demi-couchés sur le sol. On distingue ensuite la lisière d'un bois, des toits de chaumières et une tour dans les vapeurs de l'horizon.

Collection Lacaze. 1829. — *Don du roi de Bavière.* — Signé et daté.

GREBBER (PIETER), *né à Harlem en 1590 suivant certains auteurs, en 1600 selon Siret et Descamps. Le lieu et la date précise de sa mort sont inconnus. On voit des tableaux de lui portant son monogramme et la date de 1655. On pense qu'il mourut l'année suivante.* (École hollandaise.)

223. *Bethsabée au bain.*

H. 1,03. — L. 0,85. — T. — Fig. presque en pied pet. nat.

Elle est assise, vue de face, la poitrine découverte; tandis qu'elle essuie l'un de ses pieds avec une éponge, une vieille femme, placée derrière elle, lui adresse la parole, en indiquant de la main droite un objet qu'on ne voit pas.

Acheté par la Ville en 1867. — Signé d'un monogramme.

GRIFFIER (JAN), *peintre et graveur, né à Amsterdam en 1645 suivant Immerzeel, ou en 1656 selon Descamps et T. Weyerman, mort à Londres en 1718 ou en 1724.* (École hollandaise.)

224. *Vue du Rhin.*

H. 0,40. — L. 0,49. — T. — Fig. de 0,04.

Le fleuve occupe le centre de la composition. Sur les hauteurs voisines, on remarque un château fort entouré de maisons et, plus bas, un village que domine le clocher d'une église. Le premier plan est animé par de nombreux personnages: ceux-ci déchargent des bateaux; ceux-là transportent des barils; quelques hommes se baignent; une femme lave du linge, etc. Dans le fond, des montagnes, dont les pentes boisées descendent jusqu'au bord du fleuve.

Collection Lacaze. 1829. — Signé.

225. *Vue du Rhin.*

H. 0,40. — L. 0,49. — T. — Fig. de 0,04.

La composition de ce tableau est à peu près semblable à celle du précédent. Au premier plan, à gauche, une tour en ruines sur le bord du fleuve. A droite, un château sur une colline, à côté d'un groupe de maisons; plus loin, le clocher d'une église; à l'horizon, des montagnes couvertes de forêts. Un assez grand nombre de personnages animent la scène: les uns rament, les autres poussent des ballots ou portent différents objets.

Collection Lacaze. 1829.

HALS (FRANS), *né à Malines en 1584, mort à Harlem le 20 août 1666.* (École flamande.)

226. *Portrait d'un peintre flamand.*

H. 0,61. — L. 0,54. — T. — Buste de gr. nat.

Il est représenté de face, vêtu d'un justaucorps noir avec un col blanc rabattu; la tête est découverte, la main droite placée sur la poitrine.

Collection Lacaze. 1829. — Signé et daté.

HARDIMÉ (SIMON), *né à Anvers en 1672, mort à Londres en 1737.* (École flamande.)

227. *Fleurs.*

H. 0,90. — L. 0,71. — T.

Roses, tulipes, liserons, pivoines et chèvrefeuilles dans un vase.

Signé.

228. *Fleurs.* — *Pendant du précédent.*
H. 0,90. — L. 0,74. — T.
Signé.

Ces deux tableaux, achetés par la Ville en 1860, proviennent du cabinet de M. R. Brown.

HECKOUT. — *Voir* EECKOUT.

HEEM (JAN-DAVIDZ DE), *né à Utrecht en 1600, ou en 1604 suivant quelques biographes, mort à Anvers en 1674.* (École hollandaise.)

229. *Nature morte.*
H. 0,58. — L. 0,48. — T.

Un plat d'argent sur une table, avec une coupe de même métal, une serviette, un verre à demi-plein, une pipe, des roses et une peau de citron.
Collection Lacaze. 1829. — Signé et daté.

HEER (MARGUERITE DE). *XVIIe siècle.* (École hollandaise.)

230. *Nature morte.*
H. 0,68. — L. 0,55. — Marouflé sur B.

Trois oiseaux, sur une table de marbre. A côté, une gibecière, un fusil et divers ustensiles de chasse.
Collection Lacaze. 1829. — Signé.

HERMAN D'ITALIE. — *Voir* SWANEVELT.

HOBBEMA (*École de* MEINDERT *ou* MINDER-HOUT). *Cet artiste florissait en 1663; la dernière date connue de ses ouvrages est celle de 1669.* (École hollandaise.)

231. *Paysage avec figures.*
H. 1,22. — L. 1,54. — T. — Fig. de 0,13.

Au premier plan, trois hommes sont réunis à côté d'un groupe de chênes. L'un d'eux, assis et vu de dos, a devant lui deux chiens. On voit à quelque distance un cavalier et plusieurs hommes à pied près d'un âne portant un chevreuil qu'ils viennent de tuer. A droite, quelques autres figurines et des chiens. Dans le fond, un étang, sur les bords duquel on distingue une tour environnée d'arbres. A l'horizon, des collines.

Legs de M. Duffour-Dubergier en 1861. — Provient de la collection Von Nägern.

232. *Paysage.*

H. 0,41. — L. 0,56. — B. — Fig. de 0,05.

Effet de neige. Quelques chaumières au bord d'un ruisseau encombré de glaçons.

Collection Lacaze. 1829.

On trouve sur ce tableau, précédemment attribué à Hobbema, les restes d'une signature que nous n'avons pu déchiffrer, mais qui n'est pas celle de ce maître.

HOLBEIN (Hans) le Jeune, *peintre, sculpteur, graveur et architecte, né à Augsbourg en 1498, mort à Londres en 1554.* (École allemande.)

233. *Portrait d'homme.*

H. 0,60. — L. 0,45. — B. — Buste de gr. nat.

Ce personnage est vu de face; il est coiffé d'une toque ronde et porte un vêtement rouge ouvert par devant et doublé de velours noir. La main gauche est appuyée sur une table, l'autre est ouverte. L'attitude est celle d'un professeur qui parle à son auditoire.

Collection Lacaze. 1829. — Signé et daté.

HONTHORST (Gérard), *peintre et graveur, né à Utrecht en 1592. Il travaillait encore à La Haye en 1662; quelques auteurs prétendent qu'il mourut en 1666, d'autres en 1680.* (École hollandaise.)

234. *Sainte Madeleine.*

H. 0,26. — L. 0,18. — B. — Fig. à mi-corps de 0,22.

La Sainte, vue de face, est dans une grotte, où l'on voit à côté d'elle une urne et une tête de mort: elle est à demi enveloppée d'une draperie rouge; ses yeux sont tournés vers le ciel; la main gauche est placée sur la poitrine; la main droite sous un livre ouvert.

Acheté par la Ville en 1845. — Signé d'un monogramme et daté.

JANECK, — *XVIIIe siècle.* (École allemande.)

ÉCOLES FLAMANDE, HOLLANDAISE ET ALLEMANDE.

235. *Scène d'intérieur.*

H. 0,41. — L. 0,50. — B. — Fig. de 0,26.

Plusieurs personnages, réunis dans une salle ornée de peintures en grisaille, causent ou font de la musique; au centre du tableau, deux femmes sont assises à côté d'une table: l'une d'elles, tenant un masque, lève un verre à demi plein et regarde la liqueur qu'il contient; l'autre se retourne et parle à un homme qui joue de la basse. Dans le fond, des serviteurs apportent des fruits et des rafraîchissements. A gauche, au second plan, deux nouveaux venus en costume travesti soulèvent les tentures d'une porte et se disposent à entrer.

Legs de M. Duffour-Dubergier en 1861.

236. *Scène d'intérieur.*

H. 0,41. — L. 0,50. — B. — Fig. de 0,26.

La composition de ce tableau se rapproche beaucoup de celle du précédent. Une jeune femme joue de la mandoline à côté d'un guéridon, sur lequel est jetée une riche tapisserie. Une autre, vue de dos, assise sur un pliant, joue de la basse et tourne la tête vers un homme habillé en arlequin, qui tient un violoncelle. Au second plan, deux violonistes paraissent faire leur partie dans le concert. Quelques personnes écoutent la musique. A droite, un domestique apporte un bassin de cuivre, tandis que derrière lui un personnage qui vient d'arriver lui fait un signe en mettant le doigt sur sa bouche.

Legs de M. Duffour-Dubergier en 1861.

Ces deux tableaux sont signés très lisiblement JANECK. Nous ne pensons pas que cet artiste soit le paysagiste François-Cristophe JANNECK, auquel on les avait attribués.

JARDIN ou **JARDYN** (KAREL DU), *peintre et graveur, né à Amsterdam vers 1635, mort à Venise le 20 novembre 1678.* (École hollandaise.)

237. *Paysage et animaux.*

H. 0,59. — L. 0,65. — T. — Fig. de 0,18.

Une paysanne, en jupon bleu, le sein découvert, les mains placées sur un panier, est assise près d'un ruisseau qui coule au pied d'une colline. A côté d'elle, un taureau, une chèvre et deux brebis. A gauche, un jeune garçon étendu sur le sol, tient par une corde un cheval qui est entré dans l'eau. Dans le fond, à droite, une montagne escarpée.

Collection Lacaze. 1829.

KESSEL (Johan van), *né à Anvers en 1626, mort dans la même ville on ne sait précisément en quelle année; plusieurs auteurs prétendent qu'il mourut en 1678 ou 1679, et Palomino Velasco fixe sa mort à Madrid en 1708.* (École flamande.)

238. *Nature morte.*

H. 0,34. — L. 0,51. — B.

Sur une table à demi couverte d'un tapis vert foncé, on voit un plat d'argent dans lequel il y a divers fruits. A côté, une coupe de cristal, des raisins, des crabes et un citron pelé.

Collection Lacaze. 1829. — Signé et daté.

239. *Fleurs.*

H. 0,64. — L. 0,49. — B.

Une guirlande de fleurs entoure un cartouche en pierre sculpté. Le sujet qui décorait le centre a été enlevé et remplacé par une peinture en grisaille, représentant trois amours qui couronnent un buste de femme.

Acheté par la Ville en 1849. — Signé.

KINSON ou **KINSOEN** (François-Joseph), *né à Bruges (Belgique) en 1770, mort dans la même ville en 1839.* (École flamande.)

240. *Portrait du duc d'Angoulême.*

H. 2,09. — L. 1,45. — T. — Fig. pet. nat.

Il est représenté debout et de face, en costume de grand-amiral, devant le port de Bordeaux. La date du 12 mars est inscrite sur un ballot de marchandises.

Donné par l'État en 1819. — Signé.

KLOMP (*Attribué à* Aalbert). XVIIe siècle. (École hollandaise.)

241. *Paysage avec animaux.*

H. 0,34. — L. 0,30. — T.

Au premier plan, une vache couchée; près d'elle, une

chèvre blanche et noire, un bélier et un agneau; à gauche, une chaumière entourée d'arbres; dans le fond, des montagnes.

Acheté par la Ville en 1860. — Provient du cabinet de M. R. Brown.

KLOMP (École de).

242. *Étude de chèvres.*

H. 0,27. — L. 0,40. — B.

Deux chèvres debout au milieu d'une plaine aride.

Collection Lacaze. 1829.

KOBELL (Jan), *né à Delfshaven en 1779, mort à Amsterdam en 1844.* (École hollandaise.)

243. *Paysage avec animaux.*

H. 0,42. — L. 0,34. — B.

Deux vaches, dont l'une est couchée et l'autre debout, occupent le premier plan; elles sont près d'un grand arbre, au bord d'un ruisseau traversé par un pont, sur lequel passe un berger conduisant son troupeau. Dans le fond, une tour sur un massif de rochers.

Acheté par la Ville en 1860. Provient du cabinet de M. R. Brown. — Signé.

KOLEN (W***). *XVIIIe siècle.* (École hollandaise.)

244. *Marine.*

H. 0,45. — L. 0,62. — B. — Fig. de 0,09.

Vue d'une plage, où de nombreux pêcheurs apportent et vendent des poissons. Çà et là quelques chaloupes. Au second plan, la mer; à gauche, derrière un monticule, une église entourée de maisons.

Collection Lacaze. 1829. — Signé.

KRANACH. — *Voir* Cranach.

KUYP. — *Voir* Cuyp.

LAIRESSE (*École de* Gérard de), *peintre, graveur et écrivain, né à Liège en 1640, mort à Amsterdam le 28 juillet 1711.* (École hollandaise.)

245. — *Minerve.*

H. 0,91. — L. 0,72. — T. — Fig. de 0,67.

La déesse, entourée de ses attributs, est assise à côté d'un aigle tenant dans ses serres un sceptre d'or. Enveloppée d'un manteau bleu et la main gauche appuyée sur un bouclier, elle aide à monter jusqu'à son trône un petit génie aux ailes vertes, qui tient une palette et des pinceaux.

Collection Lacaze. 1829.

LINGELBACH (JOANNES), *peintre et graveur, né en 1625 à Francfort-sur-le-Mein, mort à Amsterdam en 1687.* (École hollandaise.)

246. *Buveurs flamands.*

H. 0,65. — L. 0,47. — T. — Fig. de 0,17.

Quelques buveurs et des enfants écoutent un aveugle qui joue du violon dans la cour d'une auberge. Deux cavaliers viennent de s'arrêter devant la porte. L'un de ces derniers a mis pied à terre et une femme lui verse à boire.

Collection Lacaze. 1829.

LOON (VAN), *né à Amsterdam vers 1737, mort dans la même ville en 1787.* (École hollandaise.)

247. *Vase de fleurs.*

H. 0,91. — L. 0,68. — T.

Différentes fleurs dans un vase placé sur une table de marbre, à côté d'un nid contenant des œufs.

Acheté par la Ville en 1854. — Signé d'un monogramme.

LOOTEN ou **LOTEN** (JAN), *né en Hollande, mort à Londres en 1680.* (École hollandaise.)

248. *Paysage.*

H. 0,50. — L. 0,70. — B. — Fig. de 0,05.

Un cours d'eau, traversé par un pont, coule au fond d'une vallée. A droite s'élèvent de grands arbres ombrageant un sentier. On aperçoit des maisons de plaisance sur les deux rives. Plusieurs figurines animent le paysage.

Collection Lacaze. 1829. — Signé d'un monogramme.

ÉCOLES FLAMANDE, HOLLANDAISE ET ALLEMANDE.

LOTH (Jean-Charles), *nommé en Italie* **CARLO LOTI**, *né à Munich en 1632, mort à Venise en 1698.* (École allemande.)

249. *L'Amour se mordant les doigts.*

H. 0,71. — L. 0,95. — T. — Fig. de gr. nat.

Couché sur une draperie blanche au pied d'un massif de rochers, il semble méditer quelque vengeance. Son arc et son carquois sont près de lui. Fond de paysage à gauche.

Collection Lacaze. 1829.

250. *Buste d'un condottiere.*

H. 0,71. — L. 0,56. — T. — Buste de gr. nat.

Ce personnage est vu de trois quarts; il porte sa lance sur l'épaule; sa poitrine est couverte d'une cuirasse et il est coiffé d'un bonnet rouge bordé de fourrure.

Collection Lacaze. 1829.

LOUTHERBOURG. — *Voir* Lutherburg.

LUCAS SUNDER. — *Voir* Cranach.

LUTHERBURG *ou* **LOUTHERBOURG** (Philippe-Jacques), *né à Strasbourg en 1740, mort à Chiswick en 1812.* (École allemande.)

251. *Paysage avec figures.*

H. 0,33. — L. 0,49. — T. — Fig. de 0,12.

Au premier plan, un berger garde son troupeau près d'un massif de rochers; il est assis sur le gazon et fait en souriant un signe à une jeune fille qui, debout, lui présente une tasse de lait, tandis que, derrière elle, un enfant boit en cachette du lait qu'il prend dans un vase de cuivre.

Collection Lacaze. 1829. — Signé et daté.

252. *Paysage avec figures.*

H. 0,33. — L. 0,49. — T. — Fig. de 0,11.

Trois personnages sont assis au bord d'un ruisseau dans lequel une vache et des moutons vont s'abreuver; l'un d'eux, une jeune fille, tient un panier de cerises et lance des noyaux à un jeune homme, qui cherche en riant à s'en préserver avec son chapeau.

Collection Lacaze. 1829. — Signé et daté.

MAES (Nicolaas), *né à Dordrecht en 1632, mort à Amsterdam en 1693.* (École hollandaise.)

253. *Portrait d'homme.*

H. 0,65. — L. 0,53. — T. — Fig. à mi-corps de 0,55.

Debout, vu de trois quarts, coiffé d'une perruque Louis XIV et vêtu d'une longue robe violette, ce personnage a la main droite posée sur la hanche et le bras gauche appuyé sur le piédestal d'une colonne.

Collection Lacaze. 1829. — Signé.

254. *Portrait de femme.*

H. 0,65. — L. 0,53. — T. — Fig. à mi-corps de 0,52.

Elle est debout et presque de face, comme le personnage précédent, mais tournée dans le sens opposé. Ses cheveux sont frisés sur le front et tombent en boucles autour de son cou, qui est orné d'un collier de perles; elle est vêtue d'une robe de velours noir, qu'elle relève légèrement; une écharpe jaune entoure ses épaules et se noue à la ceinture; la main droite est placée sur un meuble, à côté de quelques fleurs.

Collection Lacaze. 1829. — Signé et daté.

MANS (F.-H.), *vivait au XVIIe siècle.* (École hollandaise.)

255. *Village hollandais sur le bord d'un fleuve.*

H. 0,27. — L. 0,35. — B. — Fig. de 0,04.

Un grand nombre de personnages sont groupés dans des embarcations ou sur la berge du fleuve, devant les maisons du village. Ils fument, boivent et causent.

Collection Lacaze. 1829.

Ce tableau, qui était catalogué antérieurement sous le nom de MAAS (Thierry), est signé : F. H. MANS. 1659. On ne possède aucuns documents sur ce peintre; on ignore même ses prénoms; Kramm lui donne celui de Frédéric, sans dire où il l'a découvert. F. MANS est représenté par des tableaux signés comme le nôtre dans un assez grand nombre de musées, notamment à Vienne, à Dresde, à Rotterdam et à Berlin.

MARCELLIS (Otho), *né en 1613, mort à Amsterdam en 1673.* (École hollandaise.)

256. *Chardons, lézards et papillons.*

H. 0,63. — L. 0,53. — T.

Un chardon et un tronc d'arbre autour desquels voltigent des papillons. Sur le terrain, un serpent et un lézard.

Collection Lacaze, 1829.

257. *Fleurs, lézards et papillons.*

H. 0,63. — L. 0,53. — T.

Une plante, sur laquelle on voit un escargot et deux papillons. D'autres papillons voltigent autour de ses feuilles. A côté, des champignons, des marguerites, un lézard et un serpent.

Collection Lacaze, 1829.

MEEL ou **MIEL** (JAN), *peintre et graveur, né à Anvers en 1599, mort à Turin en 1664, ou suivant Passeri en 1656.* (École flamande.)

258. *Paysage avec figures.*

H. 0,56. — L. 0,70. — T. — Fig. de 0,16.

Plusieurs personnages, dans des attitudes diverses, sont réunis au bord d'un lac que dominent les ruines d'un château. A l'horizon, des montagnes.

Collection Lacaze, 1829.

MEULEN (École d'ANTON-FRANZ VAN DER), *né à Bruxelles en 1634, mort à Paris le 15 octobre 1690.* (École flamande.)

259. *Portrait d'un maréchal de France.*

H. 0,60. — L. 0,70. — T. — Fig. de 0,29.

Il est représenté à cheval, son bâton de commandement à la main. Près de lui est un chien. Dans le fond, des montagnes et une ville fortifiée.

Collection Lacaze, 1829.

MIEL. — *Voir* MEEL.

MIERIS (École de WILLEM VAN), *peintre et sculpteur, né à Leyde en 1662, mort dans la même ville le 24 janvier 1747.* (École hollandaise.)

260. *Portrait d'un jeune botaniste.*

H. 0,32. — L. 0,26. — B. — Forme ovale. — Fig. de 0,26.

Ce personnage est vêtu de noir et porte une large collerette blanche; il est représenté jusqu'aux genoux, debout et de face. Sa main droite est appuyée sur un livre et il tient une plante de la main gauche. Sur le fond du tableau on distingue des armoiries et on lit l'inscription suivante: *Ætatis 28. Anno 1633.*

Collection Lacaze. 1829.

MOLENAER (Kornelis), *né à Anvers en 1540, mort dans la même ville en 1589.* (École flamande.)

261. *Paysage.*

H. 0,47. — L. 0,63. — B. Fig. de 0,06.

A droite, on voit des fabriques couvertes en chaume et ombragées par de grands arbres. Au premier plan coule un ruisseau portant une barque montée par trois hommes. Un pont en briques unit les deux rives. Sur la plus rapprochée, plusieurs hommes sont assis ou couchés; l'un d'eux pêche à la ligne. Dans le fond, une suite de coteaux vivement éclairés et un moulin entouré d'arbres.

Collection Lacaze. 1829. — Signé.

MOLYN (Pieter), *dit* Tempesta *ou* de Mulieribus, *né à Harlem en 1637, mort à Plaisance en 1701.* (École hollandaise.)

262. *Paysage.*

H. 0,40. — L. 0,61. — B. — Fig. de 0,04.

Un ruisseau coule au premier plan. Sur ses bords, un champ de blé et plusieurs groupes d'arbres au milieu desquels on distingue le toit d'une maison. A droite, un homme appuyé sur un arbre brisé; un peu plus loin, deux autres villageois qui causent ensemble.

Collection Lacaze. 1829.

MOMMERS (Henri), *né en 1623, mort à Amsterdam en 1697.* (École hollandaise.)

263. *Paysage avec figures.*

H. 0,75. — L. 1,03. — T. — Fig. de 0,20.

Sur un plateau dominé par des ruines, d'où l'on

aperçoit plusieurs maisons de construction italienne et le clocher d'une église, quelques villageois sont réunis et vendent des légumes et des fruits. A gauche, un moine mendiant s'entretient avec l'un des marchands; plus loin, un jeune garçon, assis à côté d'un lièvre et d'un panier.
Collection Lacaze. 1829. — Signé.

MOMPER (Joeys de), *né à Anvers en 1559, mort dans la même ville en 1634 ou 1635.* (École flamande.)

264. *Paysage.*
H. 0,45. — L. 0,74. — B. — Fig. de 0,04.

A gauche, une montagne sur laquelle est un château. Plusieurs personnages, conduisant leurs chevaux à la main, descendent des hauteurs en suivant un sentier qui serpente à travers les rochers. Au premier plan, trois cavaliers, dont l'un est descendu de cheval, attendent leurs compagnons. A droite, une immense vallée noyée dans la lumière et couronnée de cimes escarpées.
Collection Lacaze. 1829.

265. *Paysage.*
H. 0,44. — L. 0,73. — B. — Fig. de 0,04.

Même site et même disposition que dans le tableau précédent. Plusieurs voyageurs à pied et à cheval descendent d'une montagne au sommet de laquelle on aperçoit un vieux château. A droite, une vallée formée par des montagnes qui se perdent au loin dans une atmosphère lumineuse.
Collection Lacaze. 1829.

Les figures de ces deux tableaux sont probablement de Jan Breughel.

266. *Paysage.*
H. 0,46. — L. 0,62. — B. — Fig. de 0,03.

A gauche, une rivière près d'un groupe de maisons; sur ses bords, un pêcheur à la ligne. Au centre du tableau et au premier plan, une femme portant un panier, marche à côté d'un berger; vers la droite, quelques vaches sur un talus; plus loin, un terrain ombragé d'arbres à travers lesquels on distingue une église.
Collection Lacaze. 1829. — Signé.

MOUCHERON (Frederik), *né à Emden en 1632 ou 1633, mort à Amsterdam en 1686.* (École hollandaise.)

267. *Paysage*.

H. 0,42. — L. 0,42. — T. — Fig. de 0,04.

Au premier plan, un homme à cheval, précédé de trois chiens, s'avance sur une route bordée d'arbres et de rochers. Plus loin, une vaste plaine. A l'horizon, des montagnes qui se perdent dans la brume. Effet de soleil couchant.

Collection Lacaze. 1829. — Signé.

268. *Paysage*.

H. 0,62. — L. 0,85. — T. — Fig. de 0,06.

Sur une route ombragée par de grands arbres et conduisant à un groupe de maisons qui occupent le centre du tableau, on voit trois hommes à cheval accompagnés de leurs chiens. Derrière eux marche un homme portant un bâton sur l'épaule. Dans le fond, des montagnes.

Legs de M. Duffour-Dubergier en 1861. — Signé.

NEER (AART, ARTHUS ou ARNOULD VAN DER), *né à Amsterdam en 1613, ou 1619 suivant d'autres auteurs. Les biographes fixent sa mort à l'année 1683 ou 1684, quoique G. Van Spaan, dans son histoire de Rotterdam, le cite avec les peintres qui vivaient encore dans cette ville en 1691.* (École hollandaise.)

269. *Paysage; clair de lune*.

H. 0,32. — L. 0,40. — B. — Fig. de 0,04.

Sur le premier plan, près d'un filet suspendu à des perches, un homme, à demi agenouillé devant un baquet, montre un poisson à deux femmes. Plus loin, une large rivière, sur laquelle glissent des embarcations. A droite et à gauche, des fabriques et des arbres. La lune se lève à l'horizon derrière un rideau d'arbres.

Legs de M. Duffour-Dubergier en 1861. — Signé d'un monogramme et daté.

270. *Paysage; clair de lune*.

H. 0,35. — L. 0,63. — B. — Fig. de 0,02.

Une rivière dont les eaux reflètent les rayons de la lune, coule au fond d'une vallée. A gauche, un grand arbre, un château à moitié caché par le feuillage et un pont sur lequel on voit une croix et deux hommes assis. Au centre, plusieurs bateaux et des personnages diversement occupés. A droite, une pointe de terre s'avance dans la rivière; on y distingue des maisons entourées d'arbres et un clocher se détachant sur des collines.

Acheté par la Ville en 1854.

271. *Paysage.*

H. 0,50. — L. 0,70. — T. — Fig. de 0,03.

Au centre du tableau, une rivière traversant un village et reflétant la lune qui se lève. Un homme ramène sur le rivage un filet qui est attaché à une barque montée par trois pêcheurs.

Collection Lacaze. 1829.

NEER (*Attribué à* ARTHUS).

272. *Paysage.*

H. 0,51. — L. 0,70. — T. — Fig. de 0,05.

A gauche, un cours d'eau dans lequel se reflète la lune. A droite, près d'une maison entourée d'arbres, une femme et un chien. Au second plan, une tour et quelques figurines.

Collection Lacaze. 1829.

OVERSCHIE *ou* **OVERSCHEE** (PEETER VAN). *XVIIe siècle.* (École flamande.)

273. *Nature morte.*

H. 0,49. — L. 0,63. — B.

Sur une table recouverte d'un tapis noir, on voit un homard, une assiette de métal, un citron à moitié pelé, des gâteaux, des noix, des poires, une soucoupe, des coquillages et trois verres de forme différente.

On trouve sur ce tableau, précédemment attribué à Jan Weñix, une signature peu lisible, qui est celle de Peeter van OVERSCHIE. Cet artiste, dont aucun catalogue de Musée ne fait mention, a imité David de Heem et peignait surtout des déjeuners. La célèbre galerie du cardinal Fesch contenait deux tableaux de sa main.

PALAMEDES. — *Voir* STEVENS.

PETERS (BONAVENTURE), *peintre et poète, né à Anvers en 1614, mort dans la même ville le 25 juillet 1652.* (École flamande.)

274. Marine.

H. 0,40. — L. 0,52. — B.

La mer est violemment agitée par un orage. Le vent chasse un amas de nuages sombres que sillonne encore la foudre; mais le ciel se découvre et semble annoncer la fin de la tempête. A droite, une chaloupe se brise sur des rochers que la mer bat avec fureur. Vers la gauche deux bâtiments à demi désemparés courent vent arrière.

Collection Lacaze. 1829.

PETERS (Jan), *né à Anvers en 1624, mort dans la même ville en 1677.* (École flamande.)

275. Marine.

H. 0,46. — L. 0,61. — B.

Deux chaloupes de pêcheurs sur la mer. A gauche, une jetée. Dans le lointain, quelques voiles.

Collection Lacaze. 1829. — Signé d'un monogramme.

PETERS (*École des*).

276. Marine.

H. 0,43. — L. 0,60. — B.

Plusieurs bâtiments de diverse importance courent au plus près du vent sur une mer agitée.

Collection Lacaze. 1829.

PEUTEMAN (Pieter), *né à Rotterdam. XVIIe siècle.* (École hollandaise.)

277. Nature morte.

H. 1,00. — L. 0,76. — T.

Une tête de mort placée sur une table recouverte d'un tapis, au milieu d'un assemblage d'objets divers : un livre, des gravures, une boîte, des chandeliers, une flûte, un sablier, une guitare, des épis de blé, une aiguière et des vases de cuivre.

Collection Lacaze. 1829.

POELENBURG (Kornelis), *né à Utrecht en 1586. Quoique Houbraken et les biographes qui l'ont copié fixent la date de sa mort en 1660, il figure encore cependant sur les registres de l'Académie de peinture d'Utrecht à l'année 1665-1666.* (École hollandaise.)

278. *Paysage.*
H. 0,23. — L. 0,34. — B. — Fig. de 0,05.

A droite, un chemin sur un massif de rochers ombragés d'arbres. Un moine est à genoux, les mains levées et en prière; plus loin, un autre religieux, également agenouillé. A gauche, une large vallée, fermée à l'horizon par une double rangée de collines.

Acheté par la Ville en 1835. — Signé d'un monogramme.

POTTER (*École de* PAULUS), *né à Enckhuyzen en 1625, mort à Amsterdam en janvier 1654.* (École hollandaise.)

279. *Un Troupeau.*
H. 0,59. — L. 0,74. — T.

Au premier plan, un ruisseau, où viennent s'abreuver des bœufs et des moutons. Un chêne à droite. Au delà, une plaine. A l'horizon, des montagnes.

Collection Lacaze. 1829. — Signé : Paulus Potter. 1652.

Le caractère de cette signature et l'exécution du tableau ne permettent pas d'admettre qu'il soit de la main de P. Potter.

QUERFURT (AUGUSTIN), *né à Wolfenbüttel en 1696, mort à Vienne en 1761.* (École allemande.)

280. *Cavaliers.*
H. 0,19. — L. 0,27. — B. — Fig. de 0,10.

Deux cavaliers près d'un camp. L'un d'eux a mis pied à terre et tient son cheval par la bride. A côté de lui est un enfant qui porte une draperie rouge sur l'épaule et a sa casquette à la main.

Collection Lacaze. 1829. — Signé d'un monogramme.

QUERFURT (*École d'*AUGUSTIN).

281. *L'Abreuvoir.*
H. 0,40. — L. 0,49. — T. — Fig. de 0,10.

A gauche, un homme couché sur l'herbe, ayant près de lui plusieurs chiens. Au centre, une femme montée sur un cheval. A droite, trois hommes, également suivis de leurs chiens, font boire des chevaux dans un abreuvoir placé à l'entrée d'une grotte.

Collection Lacaze. 1829.

QUINKHARD (Jan-Mauritius), *né à Reus (dans le duché de Clèves, Prusse rhénane) en 1688, mort à Amsterdam en 1772.* (École hollandaise.)

282. *Portrait.*

H. 0,82. — L. 0,67. — T. — Fig. à mi-corps pet. nat.

Jeune femme, en costume Louis XV, représentée de face, vêtue d'une robe de soie blanche, brochée de dessins verts et rouges et ornée d'agrafes en pierres précieuses. A l'épaule droite est attaché un manteau de velours bleu qu'elle relève de la main gauche.

Acheté par la Ville en 1874. — Signé et daté.

REMBRANDT VAN RYN *(École de), peintre et graveur, né dans le moulin de son père, entre les villages de Leydendorp et de Koukert, près de la ville de Leyde, en 1608, mort à Amsterdam le 8 octobre 1669.* (École hollandaise.)

283. *L'Adoration des Bergers.*

H. 0,79. — L. 0,65. — B. — Fig. de 0,25.

La Vierge est assise, les mains jointes, à côté de la crèche où repose l'Enfant Jésus. Saint Joseph est près d'elle, adossé à un poteau. Vers le centre de la composition, un vieux berger, tenant son chapeau à la main, est à genoux et en adoration, tandis que d'autres bergers accourent et se disposent à suivre son exemple. La scène se passe dans une étable où sont réunis divers animaux, parmi lesquels on remarque deux vaches et une chèvre blanche couchée devant le berceau de l'Enfant Jésus. La partie supérieure du tableau contient une espèce de gloire formée d'enfants nus qui jouent dans l'espace.

Collection Lacaze. 1829.

Cette composition était attribuée à Rembrandt dans le catalogue du marquis de Lacaze. Il y aurait peut-être témérité à affirmer qu'elle est l'œuvre de ce maître. Mais nous doutons encore plus qu'elle soit de Dietrich, auquel on l'a récemment attribuée. Le Musée possède un Dietrich authentique et signé : c'est la *Sainte-Famille*, inscrite sous le n° 190. Or, l'exécution de ce tableau ne rappelle en rien celle de l'*Adoration des Bergers*, et il est bien difficile d'admettre que ces deux ouvrages soient de la même main.

284. *Tête de nègre.*

H. 0,21. — L. 0,15. — Maroufflé sur B.

Vue de profil, le regard baissé, l'oreille ornée d'un pendant.

Collection Lacaze. 1829.

RODE (CHRÉTIEN-BERNARD), *né à Berlin en 1725, mort dans la même ville le 24 juin 1795.* (École allemande.)

285. *Baptême de l'eunuque éthiopien.*

H. 0,65. — L. 0,80. — T. — Fig. de 0,22.

Un char, traîné par deux chevaux, est arrêté au bord d'une rivière. Après avoir déposé ses armes et ses vêtements sur la rive, un homme est entré dans l'eau. Près de lui se tient un cavalier vêtu d'une tunique bleue et coiffé d'un turban. Plus loin, à droite, un groupe de soldats armés de lances.

Collection Lacaze. 1829.

Ce tableau vient de la galerie du prince Henri de Prusse.

ROMBOUT. XVIIᵉ siècle. (École hollandaise.)

286. *Paysage.*

H. 0,64. — L. 0,54. — B. — Fig. de 0,08.

Intérieur de forêt. Au premier plan, un personnage vu de dos, vêtu d'un habit rouge et monté sur un cheval gris, cause avec un homme à pied suivi de son chien. On distingue plus loin d'autres passants dans un chemin qui s'enfonce sous les arbres.

Collection Lacaze. 1829. — Signé.

287. *Paysage.*

H. 0,64. — L. 0,54. — B. — Fig. de 0,06.

Ce tableau, comme le précédent, représente un intérieur de forêt, avec plusieurs figurines. Un homme vu de dos, portant un habit rouge et suivi d'un chien parle à un autre personnage à moitié caché par un mouvement du terrain. On voit à quelque distance une femme à cheval suivie d'un cavalier et d'un homme à pied.

Collection Lacaze. 1829. — Signé.

ROOS (Attribué à Philipp-Peter), dit Rosa di Tivoli, peintre et graveur, né à Francfort-sur-le-Mein en 1655, mort à Rome en 1705. (École allemande.)

288. *Paysage et animaux.*

H. 0,49. — L. 0,66. — T. — Fig. de 0,07.

Ruines du temple de *Minerva medica*, à Rome. Au premier plan, une femme montée sur un âne et conduisant un troupeau de vaches, de chèvres et de moutons, parle à un homme qu'accompagne un chien.

Collection Lacaze. 1829.

289. *Paysage et ruines.*

H. 0,49. — L. 0,66. — T. — Fig. de 0,07.

A gauche, les ruines d'un temple. Au centre, une porte antique au delà de laquelle on voit les maisons d'une ville. Çà et là divers personnages debout ou assis et deux ânes, dont l'un est monté par un homme portant un vêtement bleu.

Collection Lacaze. 1829.

ROSA DI TIVOLI. — *Voir* Roos.

ROTTENHAMMER (Johann), né à Munich en 1564, mort à Augsbourg en 1625. (École allemande.)

290. *Vénus couchée.*

H. 0,12. — L. 0,16. — B. — Fig. de 0,13.

La déesse est étendue sur une draperie rouge, le haut du corps appuyé sur des coussins et le bras droit relevé au-dessus de la tête.

Acheté par la Ville en 1857.

RUBENS (Peter-Paul), né à Siegen le 29 juin 1577, mort à Anvers le 30 mai 1640. (École flamande.)

291. *Martyre de saint Georges.*

H. 1,88. — L. 1,59. — T. — Fig. en pied de gr. nat.

Le Saint est représenté de face, à genoux, à demi dépouillé de ses vêtements. Debout, à côté de lui, le bourreau tient le glaive qui doit le frapper. Un aide lie les mains du Saint; à gauche, un docteur, penché vers lui, cherche sans doute à ébranler sa foi, tandis que deux anges descendent du ciel apportant une couronne.

Donné par l'État en 1803.

292. *Martyre de saint Just.*

H. 1,89. — L. 1,32. — T. — Fig. en pied pet. nat.

Le Saint, décapité, un instant soutenu par une force surnaturelle sur ses jambes prêtes à fléchir, tient dans ses mains sa tête qu'il vient de ramasser et la présente à ses amis. Ceux-ci le regardent avec un étonnement mêlé de frayeur. On aperçoit dans le fond des soldats à cheval, qui s'éloignent du lieu de l'exécution.

Donné par l'État en 1853.

293. *Bacchus et Ariane.*

H. 1,12. — L. 0,92. — T. — Fig. de 0,70.

Bacchus, tenant une coupe dans laquelle un amour exprime le suc d'une grappe de raisin, attire Ariane auprès de lui. Des amours, des satyres et une bacchante vêtue à la hollandaise jouent et boivent autour d'eux.

Collection Lacaze. 1829.

Ce tableau a fait partie de la galerie du prince Henri de Prusse.

294. *Villageois dansant dans la campagne.*

H. 0,42. — L. 0,52. — B. — Fig. de 0,12.

Une bande joyeuse d'hommes et de femmes dansent en se tenant par la main. Au premier plan, à droite, un homme jouant de la flûte; il s'arrête pour considérer une femme assise à ses côtés, qui lui présente une jatte de lait. Plus loin, une rivière bordée de grands arbres.

Legs de M. Duffour-Dubergier en 1861. — Ce tableau provient du cabinet Van Schmidt.

295. *Le Christ en croix.*

H. 1,04. — L. 0,74. — T. — Fig. de 0,80.

Le Christ est attaché sur la croix, les bras élevés presque perpendiculairement. On aperçoit dans le fond la ville de Jérusalem.

Donné par l'État en 1803.

RUBENS (École de).

296. *L'Adoration des Mages.*

H. 2,96. — L. 2,43. — T. — Fig. de gr. nat.

A gauche, la Vierge assise tient l'Enfant Jésus sur

ses genoux. Il met la main dans un coffret plein de pièces d'or, que lui présente un mage, vieillard à longue barbe blanche, agenouillé devant lui sur un coussin. A côté de ce dernier, le roi nègre, coiffé d'un turban et tenant une coquille richement ornée, se penche vers l'Enfant. Le troisième mage est debout à droite, revêtu d'une armure et portant une coupe sculptée dont le couvercle est surmonté d'une figurine. Autour d'eux se pressent des enfants, des serviteurs et des soldats. On aperçoit dans le fond les chameaux de la caravane et des cavaliers armés de lances. Saint Joseph est accoudé derrière la Vierge, près du bœuf, dont on ne voit que la tête. Dans le haut de la composition, deux anges écartent une draperie rouge, tandis qu'un troisième descend du ciel une couronne de fleurs à la main.

Donné par la fabrique de l'église Saint-Pierre en 1880.

RUBENS (*D'après*).

297. *Portrait de Rubens.*

H. 0,65. — L. 0,54. — T. — Buste de gr. nat.

Rubens est représenté de trois quarts, coiffé d'un large feutre orné de plumes.

Donné par l'État en 1803. — Copie exécutée en 1785 par Cosson. — Signé et daté.

RUÏSDAEL (Salomon), *né à Harlem vers 1610, mort dans la même ville en 1670.* (École hollandaise.)

298. *Paysage.*

H. 0,39. — L. 0,52. — B. — Fig. de 0,03.

Un chemin large et vide au premier plan; à droite, la lisière d'un bois et quelques hommes diversement occupés; à gauche, deux villageois se reposant à l'ombre d'un monticule, tandis que d'autres coupent des herbes à quelque distance.

Collection Lacaze. 1829. — Signé d'un monogramme et daté.

RUYSDAEL. — *Voir* Ruïsdael.

SACHT *ou* **SAFT-LEEVEN.** — *Voir* Zachtleven.

SAVOYEN (Charles van), *né à Anvers en 1619, mort dans la même ville en 1669.* (École flamande.)

ÉCOLES FLAMANDE, HOLLANDAISE ET ALLEMANDE.

299. *Vénus et l'Amour sur un dauphin.*

H. 0,64. — L. 0,50. — T. — Fig. de 0,35.

La déesse, entièrement nue, debout et vue de dos, tient une écharpe que le vent fait flotter; elle parle à l'Amour qui, placé devant elle, semble attendre ses ordres.

Collection Lacaze. 1829.

SCHENCK (Auguste-Frédéric-Albert), *né dans le duché de Holstein.* (École allemande.)

300. *Le Réveil.*

H. 1,50. — L. 2,27. — T. — Fig. de 0,15.

Troupeau de moutons au bord de la mer. A droite du tableau, parmi les rochers de la côte encore voilée par les brumes du matin, un vieux berger est assis devant un feu qu'il vient d'allumer. Son chien est derrière lui, attentif aux mouvements des animaux. Un certain nombre d'entre eux, formant le motif principal de la composition, sont réunis au premier plan, debout ou couchés sur un terrain parsemé de fleurettes et d'ajoncs épineux.

Donné par l'État en 1865. — Signé et daté.

SIBERECHTS (Jean), *né à Anvers en 1627. On ignore la date de sa mort.*

301. *Paysage avec figures.*

H. 0,79. — L. 1,12. — T. — Fig. de 0,26.

Au centre du tableau, une prairie émaillée de fleurs dans laquelle sont plusieurs vaches, les unes couchées, les autres debout. Au premier plan, une femme portant deux vases de cuivre, l'un sur la tête, l'autre au bras gauche, parle à des enfants assis sur l'herbe. Plus loin, une autre villageoise est occupée à traire une vache. Dans le fond, au-dessus des arbres qui bordent la prairie, on distingue les clochers d'une ville.

Acheté par la Ville en 1860. — Provient du cabinet de M. R. Brown. — Signé et daté.

SNYDERS, SNEYDERS ou **SNYERS** (Franz), *né à Anvers en 1579, mort en 1657.* (École flamande.)

302. *Le Lion devenu vieux.*

H. 1,70. — L. 2,40. — T.

Le roi des animaux, étendu sans forces sur la terre, est entouré de lièvres qui cherchent à le mordre. A droite du tableau, un moulin à vent sur une colline; des arbres à gauche; au dernier plan, le clocher d'une église.

Donné par M. Doucet en 1805. — Venait de la galerie de M. de Sonozan.

303. *Chasse aux renards.*

H. 1,70. — L. 2,43. — T.

Deux renards que des chasseurs ont lancés sont atteints par la meute qui les poursuit. L'un est arrêté par deux chiens qui le mordent sans lâcher prise; l'autre fuit encore, mais se retourne effrayé du peu de distance qui le sépare de la meute.

Donné par M. Doucet en 1805.

STEEN (Jan van), *né à Leyde en 1636, mort à Delft en 1689.* (École hollandaise.)

304. *Intérieur. — Scène de cabaret.*

H. 0,49. — L. 0,37. — B. — Fig. de 0,20.

Au centre de la composition, une femme tient un enfant par la main et le fait danser sur une table entourée de buveurs. Dans le fond, deux hommes près d'une cheminée; l'un d'eux prend du feu pour allumer sa pipe. Sur le devant du tableau, deux enfants, dont l'un joue avec un chien.

Acheté par la Ville en 1860. — Signé d'un monogramme.

STENWYCK, STEINWICK ou STEINWEYCK LE JEUNE (Hendrick van), *né à Amsterdam en 1589, mort à Londres on ne sait précisément en quelle année. On connaît un tableau de lui daté de 1642.* (École hollandaise.)

305. *Intérieur d'église.*

H. 0,25. — L. 0,34. — C. — Fig. de 0,05.

Collection Lacaze. 1829.

STEVENS (*Attribué à* Palamedes), *né à Londres en 1607, mort dans la même ville en 1638.* (École hollandaise.)

ÉCOLES FLAMANDE, HOLLANDAISE ET ALLEMANDE, 111

306. *Intérieur. — Réunion de famille.*

H. 0,48. — L. 0,68. — B. — Fig. de 0,29.

Au centre du tableau, deux hommes et deux femmes sont assis autour d'une table garnie de mets. L'un des convives chante en s'accompagnant de la guitare. A gauche, un jeune garçon qui emporte un plat; à droite, un personnage debout, tournant le dos au feu et tenant un verre plein.

Collection Lacaze. 1829.

STORCK (*Attribué à* ABRAHAM), *né à Amsterdam, vers 1650, mort vers l'année 1710.* (École hollandaise.)

307. *Marine avec monuments et figures.*

H. 0,79. — L. 0,65. — T. — Fig. de 0,11.

Le tableau représente un port de mer. A droite, un palais, avec un campanile et un double escalier surmonté de colonnes en marbre rouge qui supportent un balcon. A la suite, une série de palais et de maisons. Sur les quais ou sur les embarcations qui animent le port, on voit un grand nombre de personnages diversement occupés.

Collection Lacaze. 1829.

308. *Marine avec monuments et figures.*

H. 0,79. — L. 0,65. — T. — Fig. de 0,11.

Le sujet de cette composition est également un port de mer, peuplé de barques et de vaisseaux et animé par de nombreuses figures. Au premier plan, sur une embarcation portant à l'arrière un pavillon blanc, bordé de rouge avec une croix de même couleur au centre, un personnage est debout et semble appeler avec un porte-voix. A gauche, on voit sur une esplanade deux personnes qui se dirigent vers l'embarcation. Au second plan, un arc de triomphe ou une porte de ville richement ornée.

Collection Lacaze. 1829.

Les deux marines qui précèdent ont tous les caractères des ouvrages d'Abraham STORCK, et nous croyons qu'on peut, sans erreur, les attribuer à cet artiste. Mais elles sont signées P. STORCK, 1693. Pourquoi cette initiale P.? Les catalogues et les dictionnaires biographiques que nous avons consultés ne fournissent aucun renseignement qui puisse l'expliquer. Peut-être doit-on penser que STORCK, dont la vie est très peu connue, avait un autre prénom que celui d'Abraham, par exemple Pieter ou Philip.

SWANEVELT, SWANEUELT ou **SUANEVELT** (Herman van), *dit* Herman d'Italie, *né à Woerden vers 1620, mort à Rome en 1690 suivant presque tous les biographes, et en 1655 selon les registres de l'Académie de peinture de Paris.* (École hollandaise.)

309. *Vue d'Italie.*
H. 0,37. — L. 0,45. — T. — Fig. de 0,04.

Au premier plan, à gauche, un torrent qui se précipite parmi des rochers ombragés d'arbres. A droite, un chemin conduisant à un lac au bord duquel un homme, debout, prie devant une madone. Au second plan, une tour et, à l'horizon, des montagnes.

Collection Lacaze. 1829.

TENIERS le jeune (David), *né à Anvers en 1610, mort à Perk, village entre Malines et Vilvorde, en 1694.* (École flamande.)

310. *L'Évocation.*
H. 0,25. — L. 0,23. — B. — Fig. de 0,16.

Un sorcier, coiffé d'un bonnet rouge, la tête appuyée sur le bras gauche, lit en souriant dans un grimoire. Devant lui, sur la table où il est accoudé, on voit une tête de mort et un encrier; sur un banc, des flacons remplis de drogues; par terre, des livres ouverts ou fermés. Il est éclairé par la lueur d'une torche que porte un personnage vu de dos et vêtu d'une tunique noire avec un capuchon rabattu sur la tête, à côté duquel sont placées deux figures fantastiques à tête de singe.

Collection Lacaze. 1829. — Gravé par Lebas. — Signé.

311. *Une fête de village en Hollande.*
H. 0,43. — L. 0,71. — B. — Fig. de 0,10.

Plusieurs paysans sont réunis devant une auberge. Un homme et une femme dansent au son de la musette; d'autres boivent et fument. Au second plan, les maisons d'un village et quelques personnages diversement occupés.

Collection Lacaze. 1829. — Signé d'un monogramme.

TENIERS le jeune (*École de*).

312. *Un buveur.*

H. 0,26. — L. 0,23. — B. — Fig. de 0,18.

Il est représenté de profil, assis sur un baquet renversé, devant une table rustique recouverte d'une nappe blanche et sur laquelle est un pot; il tient un verre d'une main et sa pipe de l'autre.

Acheté par la Ville en 1852.

313. *Paysage.*

H. 0,41. — L. 0,53. — B. — Fig. de 0,03.

Au centre, un chemin ombragé par de grands arbres. A gauche, deux chaumières. Au premier plan, un homme assis, vu de dos, près duquel est un chien. Sur la route, un cavalier qui passe; plus loin, un homme conduisant un troupeau de chèvres.

Collection Lacaze. 1829.

314. *Paysage flamand.*

H. 0,42. — L. 0,68. — T. — Fig. de 0,07.

A droite, une maison couverte en chaume et entourée d'arbres au bord d'une rivière. A gauche, un homme assis sur la berge, près d'une barque dans laquelle est un pêcheur. Vers le centre, une femme qui retourne au logis portant de l'eau qu'elle vient de puiser, tandis qu'un peu plus loin, deux autres villageoises donnent à manger à des poules et à des cochons.

Acheté par la Ville en 1850.

TENIERS LE VIEUX (DAVID), *père du précédent, né à Anvers en 1582, mort dans la même ville en 1649.* (École flamande.)

315. *Paysage.*

H. 0,28. — L. 0,37. — B. — Fig. de 0,06.

A droite, une rivière qui coule entre une double rangée de collines. A gauche, au premier plan, deux cavaliers: l'un est en selle, l'autre a mis pied à terre; ce dernier est assis et rattache ses chausses. A côté d'eux est un chien.

Collection Lacaze. 1829. — Signé d'un monogramme.

TILBORGH, TILBORG *ou* **TILBURG (**GILLES *ou* EGIDE VAN**),** *né à Bruxelles en 1625; on croit qu'il mourut en 1678.* (École flamande.)

316. *Intérieur.*

H. 0,58. — L. 0,47. — B. — Fig. de 0,26.

Des paysans flamands, debout autour d'une table, se moquent de l'un d'entre eux qui vient de perdre une partie de dames. Dans le fond, à droite, d'autres villageois causent et fument.

Collection Lacaze. 1829.

TOORENVLIET (Jacques), *né à Leyde en 1641, mort dans la même ville en 1719.* (École hollandaise.)

317. *Un Buveur.*

H. 0,27. — L. 0,20. — Marouflé sur B. — Fig. de 0,22.

Ce personnage est assis, vu jusqu'aux genoux; il a la main droite sur la hanche et tient un verre de l'autre main.

Collection Lacaze. 1829.

318. *Une Buveuse.*

H. 0,27. — L. 0,20. — Marouflé sur B. — Fig. de 0,22.

Elle est représentée jusqu'aux genoux, assise près d'une table sur laquelle est un pain, la main droite placée sur un flacon entouré d'osier.

Collection Lacaze. 1829.

VAEL ou **WAEL** (Cornelis van), *peintre et graveur, né à Anvers en 1594, mort à Gênes en 1662.* (École flamande.)

319. *La Bénédiction nuptiale.*

H. 0,48. — L. 0,71. — T. — Fig. de 0,18.

Un prêtre bénit l'union de deux époux dans l'église d'un village. Leurs parents, leurs amis et les musiciens de la noce se pressent autour d'eux.

Collection Lacaze. 1829.

VAN RYN. — *Voir* Rembrandt.

VEEN (Otho van), *dit* Otto Venius, *peintre, poète, historien et mathématicien, né à Leyde en 1556, mort à Bruxelles en 1634.* (École flamande.)

320. *Mariage de sainte Catherine.*

H. 0,92. — L. 1,22. — T. — Fig. de 0,57.

La Vierge, assise sous un dais formé de tentures rouges, tient sur ses genoux l'Enfant Jésus, qui présente l'anneau d'alliance à sainte Catherine agenouillée devant lui. Derrière la Vierge est saint Joseph. A gauche, on aperçoit un jardin, dans lequel deux anges cueillent des fleurs près d'un jet d'eau. Dans le bas du tableau, une épée.

Collection Lacaze. 1829. — Signé.

VEEN (*Attribué à* OTHO VAN).

321. *Tête de sainte, d'après Corrège.*

H. 0,39. — L. 0,31. — B. — Fig. pet. nat.

La Sainte, vue de trois quarts, a les yeux fixés sur un crucifix qu'elle tient de la main droite.

Donné par l'État en 1803.

VENIUS (OTTO). — *Voir* VEEN.

VLIET (HENDRIK VAN), *né à Delft vers 1605. On ignore la date de sa mort; mais on sait qu'il habitait sa ville natale et vivait encore en 1661.* (École hollandaise.)

322. *Intérieur d'un temple protestant.*

H. 0,69. — L. 0,57. — T. — Fig. de 0,13.

Plusieurs personnes se promènent dans les bas-côtés du temple, tandis que des ministres prêchent dans l'enceinte réservée.

Collection Lacaze. 1829.

VOLLERDT. *XVIIIe siècle.* (École allemande.)

323. *Vue des bords du Rhin.*

H. 0,40. — L. 0,53. — T. — Fig. de 0,04.

Les rives du fleuve sont ombragées d'arbres et s'élèvent jusqu'à des plateaux rocheux, sur lesquels on voit les maisons d'un village. Plusieurs figures animent le site représenté: une femme, debout, cause avec un homme assis au bord du fleuve. Sur la rive opposée, on distingue un troupeau de moutons que conduit un berger et, un peu plus loin, à droite, une femme et un enfant.

Collection Lacaze. 1829.

VRANCK. — *Voir* FRANCK.

VRIES (*Attribué à* RENIER VAN). *Fin du XVIIIe siècle.* (École hollandaise.)

324. *Paysage.*

H. 0,35. — L. 0,56. — B. — Fig. de 0,04.

A gauche, les maisons d'un village ombragées par des arbres. Plusieurs personnes sont réunies devant la porte d'une hôtellerie. Parmi les autres figurines qui animent le paysage, on remarque une femme assise au bord d'un chemin, un homme et un enfant qui se dirigent vers le village et un cavalier qui s'éloigne, monté sur un cheval blanc.

Collection Lacaze. 1829.

WAGNER (MARIA-DOROTHÉE-DIETRICH, Mme), *née à Dresde en 1728, morte en 1788.* (École allemande.)

325. *Paysage.*

H. 0,60. — L. 0,51. — T. — Fig. de 0,03.

A gauche, plusieurs collines se détachent sur un ciel brillant, éclairé par les rayons du soleil à son déclin. On aperçoit à leur pied un chemin qui longe un champ de blé et une femme qui passe, portant un fardeau. A droite, au second plan, une chaumière et des arbres.

Collection Lacaze. 1829. — Signé.

WALKER (*Attribué à* ROBERT), *peintre et graveur, né dans le comté de Sommerset en 1572, mort en 1658.* (École anglaise.)

326. *Portrait d'Olivier Cromwell.*

H. 0,63. — L. 0,50. — T. — Buste de gr. nat.

Il est représenté de face, la tête nue, la poitrine couverte d'une cuirasse.

Collection Lacaze. 1829.

WATERLOO (ANTOINE), *peintre et graveur, né à Utrecht vers 1618, mort dans la même ville en 1660.* (École flamande.)

327. *Paysage*.

H. 0,28. — L. 0,38. — T. — Fig. de 0,02.

Au centre de la composition, un ruisseau que traverse un pont de bois. A l'une des extrémités du pont, un poteau surmonté d'un écriteau; à l'autre extrémité, deux arbres presque entièrement dépouillés de leurs feuilles et, un peu plus loin, une maison recouverte d'un toit de chaume. Plusieurs personnages animent le paysage qui est voilé par les brumes du commencement de l'hiver. Les uns passent sur le pont, les autres sur la berge, à côté d'un bateau.

Collection Lacaze. — 1829.

WEENIX ou **WEENINX** (*Attribué à* Jan-Baptist), *né à Amsterdam en 1621, mort au château de Huys-Termeyen, près d'Utrecht, en 1660.* (École hollandaise.)

328. *Paysage*.

H. 0,73. — L. 0,97. — T. — Fig. de 0,13.

Au centre du tableau, deux femmes, qui sont venues puiser de l'eau à une fontaine, causent ensemble, l'une debout, appuyée sur un pan de mur, l'autre assise au bord de l'eau, près d'un grand arbre. Au second plan, on voit une ville, avec des ruines sur un coteau et, au pied du coteau, un homme conduisant deux vaches.

Collection Lacaze. 1829.

WEENIX (*École de* Jan).

329. *Nature morte*.

H. 0,67. — L. 0,52. — T.

Un canard suspendu.

Collection Lacaze. 1829.

330. *Nature morte*.

H. 0,63. — L. 0,54. — T.

Une perdrix suspendue, quelques petits oiseaux, une trompe en corne et divers ustensiles de chasse.

Collection Lacaze. 1829.

331. *Nature morte.*

H. 0,63. — L. 0,53. — T.

La composition de ce tableau est la même que celle du précédent.

Collection Lacaze. 1829.

WILLMANN (Michel), *né à Lubeck en 1630, mort en 1706.* (École allemande.)

332. *David vainqueur de Goliath.*

H. 1,05. — L. 0,87. — T. — Fig. de gr. nat.

David est représenté de face et à mi-corps. Un manteau brun-rouge, jeté sur l'épaule gauche, laisse le torse à découvert; il est coiffé d'une toque noire ornée de plumes. La main gauche, tenant des pierres, est placée sur la tête de Goliath.

Collection Lacaze. 1829.

WOUWERMAN (*Attribué à* Pieter), *né à Harlem en 1625, mort dans la même ville en 1683.* (École hollandaise.)

333. *Bataille.*

H. 0,82. — L. 1,03. — T. — Fig. de 0,26.

Au premier plan, un cavalier monté sur un cheval blanc, tenant de la main droite une épée brisée, reçoit un coup de pistolet qui lui est tiré presque à bout portant par un autre cavalier. A gauche, au pied d'un monticule, que surmonte un fort, se livre un engagement de cavalerie. A droite, au second plan, un cavalier s'enfuit, poursuivi par un homme armé d'un fusil.

Collection Lacaze. 1829. — Signé d'un monogramme. — Attribution douteuse et monogramme suspect.

ZACHT-LEVEN, ZAFTLEVEN, SACHT *ou* **SAFT-LEEVEN** (Herman), *peintre et graveur, né à Rotterdam en 1609, mort à Utrecht en 1685.* (École hollandaise.)

334. *Paysage.*

H. 0,15. — L. 0,24. — B. — Fig. de 0,02.

A gauche, une rivière sur laquelle on voit plusieurs barques; à droite, un village entouré de murailles, avec une tour et un escalier au premier plan. Plusieurs personnages diversement occupés animent le paysage.

Acheté par la Ville en 1850. — Signé et daté à l'envers du panneau.

ZAUFFELY ou ZOFFANI (JEAN), *né à Ratisbonne en 1733, mort dans les Indes en 1788, ou, suivant d'autres assertions, à Londres en 1795.* (École allemande.)

335. *Vénus sur les eaux.*

H. 1,24. — L. 1,71. — T. — Fig. de 0,80.

La déesse, presque nue, est assise sur un char formé d'une large coquille et soutenu par des tritons. Elle tient une colombe de la main gauche; une nymphe s'approche d'elle et lui présente une branche de corail et une coquille contenant des perles. Des amours, placés derrière elle, font flotter une écharpe au-dessus de sa tête; d'autres amours jouent sur un dauphin attelé à son char.

Donné par M. Doucet en 1805. — Signé et daté.

336. *Vénus et Adonis.*

H. 1,24. — L. 1,71. — T. — Fig. de 1,00.

Vénus est assise et endormie à l'ombre de grands arbres; elle a les jambes croisées et la tête appuyée sur la main gauche. Deux amours font un signe au jeune berger, qui s'approche de la déesse.

Donné par M. Doucet en 1805.

ÉCOLE FRANÇAISE

ÉCOLE FRANÇAISE

ALAUX (Jean), *dit* LE ROMAIN, *né à Bordeaux le 5 janvier 1786, mort à Paris le 2 mars 1864.*

337. *Une jeune Druidesse.*
H. 0,73. — L. 0,57. — T. — Fig. de gr. nat.

Elle est représentée à mi-corps, la tête ceinte d'une couronne de feuilles de chêne et le bras gauche appuyé sur une lyre.

Donné par Mme Vve Poitevin en 1859. — Signé et daté.

338. *Le Xanthe.*
H. 2,62. — L. 2,05. — T. — Fig. en pied plus gr. que nat.

Le fleuve, poursuivi par les feux de Vulcain, est appuyé sur son urne, de laquelle il ne sort plus que du feu et de la fumée; il a les regards levés vers le ciel et implore la protection des dieux.

Acheté par la Ville en 1863.

339. *Intérieur d'un temple avec figures en prière devant l'autel de la Vierge.*
H. 0,40. — L. 0,47. — Fig. de 0,16. — Dessin à la sépia.

Legs de M. Fieffé en 1856. — Signé et daté.

ALAUX (Jean-Paul), *né à Bordeaux le 3 octobre 1788, mort dans la même ville le 25 janvier 1858.*

340. *Vue prise à Floirac (Gironde).*
H. 0,89. — L. 1,05. — T. — Fig. de 0,12.

Acheté par la Ville en 1830.

341. Vue de Bordeaux prise des hauteurs de Floirac.
H. 1,03. — L. 1,39. — T. — Fig. de 0,00.

Acheté par la Ville en 1858. — Signé et daté.

ALBAN DE LESGALERY (Jean-Jacques), né à Bordeaux.

342. Intérieur d'une cour de roulage à Paris.
H. 0,80. — L. 1,00. — T. — Fig. de 0,10

Acheté par la Ville en 1830. — Signé et daté.

ALIGNY (Claude-Théodore Caruelle d'), peintre et graveur, né au château de Chaumes (Nièvre) en 1798, mort à Lyon en 1871.

343. Paysage. — Enfance de Bacchus.
H. 1,63. — L. 2,27. — T. — Fig. de 0,34.

Sur une prairie émaillée de fleurs et ombragée par deux platanes, quelques nymphes veillent auprès du jeune dieu couché dans son berceau, et cherchent à le distraire en lui présentant une grappe de raisins et une guirlande de fleurs. Au second plan, des jeunes filles se livrent au charme de la musique. On aperçoit, à gauche, l'entrée d'une grotte, d'où s'échappe un ruisseau qui serpente à travers le gazon, et, dans le fond, à droite, entre des orangers et des lauriers-roses, la surface bleue de la mer.

Donné par l'État en 1853. — Signé.

344. Paysage. — Enfance de Bacchus.
H. 0,40. — L. 0,59. — T. — Fig. de 0,09. — Esquisse du tableau précédent.

Donné par Mme Vve Aligny en 1872. — Signé d'un monogramme.

345. Gorge aux loups et Long-Rocher (forêt de Fontainebleau).
H. 0,45. — L. 0,75. — Dessin à la mine de plomb.

Donné par Mme Vve Aligny en 1876. — Signé d'un monogramme et daté.

346. Chemin entre Interlaken et Lauterbrunn (Oberland bernois).
H. 0,46. — L. 0,62. — Dessin à la plume.

Donné par Mme Vve Aligny en 1876. — Signé d'un monogramme et daté.

ANDRÉ (JULES), *né à Paris le 19 avril 1807, mort dans la même ville le 15 août 1869.*

347. *L'Étang Duvivray, près l'Isle-Adam (Seine-et-Oise).*
H. 0,54. — L. 0,65. — T.

Le centre du tableau est occupé par une mare au bord de laquelle un jeune garçon, abrité par des saules, pêche à la ligne. Au second plan, à droite, deux chênes près d'une chaumière. Plus loin, on aperçoit la lisière d'un bois et un troupeau de vaches. A l'horizon, des coteaux.
Donné par l'État en 1853. — Signé.

ANSIAUX (JEAN-JOSEPH), *né à Liège en 1764, mort à Paris en 1840.*

348. *Nicolas Poussin présenté à Louis XIII.*
H. 2,61. — L. 3,22. — T. — Fig. en pied de gr. nat.

Louis XIII, assis entre la reine et le cardinal de Richelieu, remet à Nicolas Poussin le brevet de premier peintre du roi. A gauche, un page soutient un tableau qui représente *le Testament d'Eudamidas*, l'un des chefs-d'œuvre du grand artiste. Derrière le fauteuil du roi, le chancelier Séguier et divers personnages de la cour assistent à cette scène.
Donné par l'État en 1817. — Signé et daté.

ANTIGNA (JEAN-PIERRE-ALEXANDRE), *né à Orléans le 9 mars 1817, mort en 1877.*

349. *Le Marchand d'images.*
H. 1,45. — L. 1,14. — T. — Fig. à mi-corps de gr. nat.

Plusieurs enfants se pressent et se lèvent sur la pointe des pieds pour voir des images qu'un marchand leur montre. Ce dernier a le bras gauche levé et paraît chanter quelque légende populaire.
Acheté par la Ville à l'exposition de la Société des Amis des arts de Bordeaux en 1863. — Signé.

350. *Miroir des bois.*
H. 1,62. — L. 1,04. — T. — Fig. en pied de gr. nat.

Une jeune fille, presque une enfant, debout et entièrement nue, prête à mettre le pied dans une eau tranquille où elle va se baigner, s'arrête et paraît surprise d'y voir son image.

<small>Acheté par la Ville à l'exposition de la Société des Amis des arts de Bordeaux en 1865. — Signé.</small>

AUGUIN (Louis-Augustin), *né à Rochefort (Charente-Inférieure).*

351. *Rayons d'automne. Souvenir du parc de Cognac.*

H. 1,10. — L. 2,00. — T. — Fig. de 0,11.

A droite du tableau, un groupe de chênes aux troncs puissants, au feuillage jauni par l'automne. A gauche, différents arbres de moindre importance, séparés des premiers par une clairière dans laquelle une femme ramasse du bois.

<small>Acheté par la Ville à l'exposition de la Société des Amis des arts de Bordeaux en 1875. — Signé et daté.</small>

BACCUET (Prosper), *né à Paris en 1798, mort dans la même ville en 1854.*

352. *Vue de Miliana en Afrique.*

H. 0,97. — L. 1,29. — T. — Fig. de 0,13.

Au premier plan, à droite, sur des rochers, une troupe de Kabyles armés de fusils. Ils regardent dans la direction d'un village incendié, que ses habitants se hâtent d'abandonner. On distingue à l'horizon les monts Ouarésénis et les plaines du Chélif.

<small>Donné par l'État en 1852. — Signé.</small>

BALAT (Jacques-Cristophe-Paul), *né à Bordeaux le 22 mars 1804, mort dans la même ville le 17 novembre 1828.*

353. *Scythès tendant l'arc de son père.*

H. 1,13. — L. 1,57. — T. — Fig. de 0,80.

<small>Provient de l'École de dessin et de peinture de la Ville. Concours de 1824.</small>

BAUDIT (Amédée), *né à Genève (Suisse).*

354. *Lisière d'un bois dans les Landes.*

H. 1,39. — L. 2,20. — T. — Fig. de 0,18.

Sur un terrain couvert de genêts et de fougères

s'élèvent plusieurs arbres, que domine un grand chêne presque entièrement dépouillé par l'automne. A leur pied, des troncs d'arbres déracinés et coupés. Le motif est animé par un chasseur qui passe, accompagné de deux chiens. On distingue au delà de longues rangées de dunes qui se perdent à l'horizon dans les vapeurs du matin.

Acheté à l'exposition de la Société des Amis des arts de Bordeaux en 1872. Signé et daté.

BAUDRY (Paul-Jacques-Aimé), *né à La Roche-sur-Yon.*

355. *La Toilette de Vénus.*

H. 1,36. — L. 0,85. — T. — Fig. en pied de 0,98.

La déesse, debout et nue dans un bosquet, le bras gauche relevé au-dessus de la tête, contemple l'Amour, qui, assis devant sa mère et s'appuyant sur elle, se regarde en souriant dans un miroir. Deux colombes voltigent parmi les feuilles à côté d'un buste représentant une divinité champêtre.

Acheté par la Ville à l'exposition de la Société des Amis des arts de Bordeaux en 1862. — Signé et daté.

BAZIRE, *peintre et architecte.* XVIIIe *siècle.*

356. *Ruines du Palais-Gallien.*

H. 0,44. — L. 0,59. — Aquarelle. — Fig. de 0,07.

Donné par M. Fontaine, architecte, en 1864. — Signé et daté.

357. *Ruines de l'ancien temple, dit les* Piliers de Tutelle, *qui existait à Bordeaux sur l'emplacement qu'occupe le Chapeau-Rouge.*

H. 0,44. — L. 0,59. — Aquarelle. — Fig. de 0,08.

Donné par M. Fontaine, architecte, en 1864. — Signé et daté.

358. *Vue du Grand-Théâtre de Bordeaux.*

H. 0,42. — L. 0,59. — Aquarelle. — Fig. de 0,04.

Donné par M. Fontaine, architecte, en 1864.

BEAULIEU (Anatole-Henry de), *né à Paris.*

359. *Le Duel. — Ancienne batterie de Goalennec. Souvenir d'une rencontre.*

H. 1,00. — L. 2,06. — T. — Fig. de 0,50.

Le drame se passe aux premières lueurs du jour, sur

le bord de la mer. Le rivage est désert; on ne voit que les combattants et leurs témoins. Un peu en arrière du groupe, se tient un personnage âgé, un médecin sans doute. Le combat est acharné; les deux adversaires sont blessés, et le sang coule de leurs blessures, sans que leur ardeur en soit ralentie.

<small>Donné par l'État en 1875. — Signé et daté.</small>

BELLANGÉ (Joseph-Louis-Hippolyte), *né à Paris le 16 février 1800, mort dans la même ville le 10 avril 1866.*

360. *Les cuirassiers de Waterloo. — Passage du chemin creux.*

H. 1,16. — L. 2,15. — T. — Fig. de 0,23.

« Toute cette cavalerie déboucha sur le plateau; ce fut comme l'entrée d'un tremblement de terre. »
(Victor Hugo, *les Misérables*.)

<small>Acheté par la Ville à l'exposition de la Société des Amis des arts de Bordeaux en 1872. — Signé et daté.</small>

BERGERET (Pierre-Nolasque); *peintre et graveur; né à Bordeaux le 2 février 1782, mort à Paris le 21 février 1863.*

361. *L'empereur Charles-Quint et Titien.*

H. 1,00. — L. 1,30. — T. — Fig. de 0,65.

Le grand peintre, vêtu d'une robe de damas cramoisi, est debout devant son chevalet, sa palette à la main. L'empereur est assis et remet au Titien le pinceau que celui-ci vient de laisser tomber. Derrière Charles-Quint, une dame de la cour joue de la guitare.

<small>Légué à la Ville en 1847 par M. le docteur Dutrouilh. — Signé d'un monogramme et daté.</small>

362. *Portrait en pied de Louis-Philippe Ier.*

H. 2,34. — L. 1,62. — T. — Fig. de gr. nat.

<small>Donné par l'État en 1848. — Signé et daté.</small>

363. *Ève.*

H. 0,54. — L. 0,65. — T. — Fig. de 0,52.

<small>Don de Mme Vve Bergeret en 1864. — Signé et daté.</small>

364. *Mahomet II.*
H. 1,67. — L. 2,12. — T. — Fig. de 1,00.

Le sujet de ce tableau est emprunté aux événements qui suivirent la prise de Constantinople par les Turcs. Mahomet II est entouré de ses gardes; un pacha lui présente une jeune princesse qui a échappé au massacre. Elle est nue, et ses yeux sont remplis de larmes. L'empereur offre un collier de perles au pacha; derrière Mahomet est un jeune nègre qui porte une de ses armes. Dans le fond, on aperçoit le feu et la fumée des édifices incendiés ainsi que les remparts de la ville occupés par l'armée victorieuse.

Donné par l'État en 1872. — Signé et daté.

365. *Projet de plafond pour la salle du Grand-Théâtre de Bordeaux.*
Dessin au bistre. — Forme ronde. — Diamètre : 0,42.

366. *Vénus et Vulcain, d'après Jules Romain.*
Lithographie. — H. 0,26. — L. 0,47. — Fig. de 0,16.

367. *Le Christ mort, d'après Rubens.*
Lithographie. — H. 0,37. — L. 0,27. — Fig. de 0,32.

368. *Portrait de l'auteur, peint par lui-même et gravé par sa fille.*
Eau-forte. — H. 0,21. — L. 0,16. — Fig. de 0,16. — *Signée et datée.*

369. *Filippo Lippi, esclave à Alger, fait le portrait de son maître.*
Eau-forte. — H. 0,17. — L. 0,25. — Fig. de 0,12. — *Signée.*

370. *Portrait d'Andrea del Sarto.*
Eau-forte. — H. 0,22. — L. 0,15. — Fig. de 0,15. — *Signée.*

371. *La Charité, d'après un tableau de l'auteur.*
Eau-forte. — H. 0,37. — L. 0,30. — Fig. de 0,26. — *Signée et datée.*

372. *Un bourgmestre et sa femme.*
Eau-forte. — H. 0,23. — L. 0,17. — Fig. de 0,15. — *Signée.*

373. *Le groupe de Laocoon découvert sous Jules II. — D'après un tableau de l'auteur.*
Lithographie. — H. 0,15. — L. 0,24. — Fig. de 0,07.

374. *Dessin à la plume et au bistre.* — *A moitié terminé.*

H. 0,20. — L. 0,80. — Fig. de 0,13.

375. *Dessin au crayon.* — *Esquisse.*

H. 0,20. — L. 0,81. — Fig. de 0,17.

376. *Dessin à la plume.*

H. 0,20. — L. 0,49. — Fig. de 0,14.

Le dernier des trois dessins qui précèdent est le calque d'une composition de la colonne Vendôme à Paris. Les deux autres sont des projets de bas-reliefs pour le même monument.

Les douze ouvrages ci-dessus ont été donnés au Musée par Mme Vve Bergeret en 1864.

BERTHON (René-Théodore), *né à Tours en 1778, mort dans la même ville en 1851.*

377. *Portrait de M. Fieffé.*

H. 0,33. — L. 0,25. — T. — Fig. de 0,24.

Il est représenté assis sur un rocher et tenant un album sur lequel il paraît dessiner.

Legs de M. Fieffé en 1856. — Signé d'un monogramme.

BONHEUR (François-Auguste), *né à Bordeaux.*

378. *Le Retour de la foire.*

H. 1,70. — L. 2,60. — T. — Fig. de 0,45.

Sur le versant d'une montagne, d'où l'on domine une vaste perspective, fermée à l'horizon par des sommets couverts de neige, un troupeau de vaches et de moutons suit un chemin bordé, de distance en distance, par de grands arbres. Derrière les moutons, qui occupent le premier plan, une jeune paysanne, debout, tenant un agneau dans ses bras, tourne la tête du côté d'un homme à cheval, placé à la suite du troupeau. A gauche, un chien noir, des flaques d'eau au pied d'un talus, et deux chênes qui se perdent dans le cadre. Le soir approche et les ombres commencent à s'allonger sur les terrains, les arbres et les animaux.

Donné par l'auteur en 1881. — Signé.

BONHEUR (Mlle Marie-Rosa), *née à Bordeaux.*

379. *Tête de bouc. — Étude.*

H. 0,81. — L. 0,65. — T. — De gr. nat.

Acheté par la Ville à l'exposition de la Société des Amis des arts de Bordeaux en 1869. — Signé.

380. *Renard. — Étude.*

H. 0,73. — L. 0,89. — T. — De gr. nat.

Acheté par la Ville à l'exposition de la Société des Amis des arts de Bordeaux en 1869. — Signé.

381. *Têtes de chiens. — Cinq études aux crayons noir et blanc sur papier teinté.*

Dimension de chaque dessin : H. 0,54. — L. 0,43. — De gr. nat.

Don de l'auteur en 1869. — Signé d'un monogramme et daté.

BOUCHER (D'après François), *peintre et graveur, né à Paris en 1704, mort dans la même ville en 1770.*

382. *Nymphes au bain.*

H. 0,35. — L. 0,30. — T. — Fig. de 0,18.

Trois jeunes filles se baignant parmi des roseaux. Au second plan, des ruines.

Collection Lacaze. 1829.

Ce tableau, qui a été attribué à Boucher, à Lagrenée et même à Vertanghen, figure parmi les œuvres de Boucher dans l'*Histoire des Peintres*, publiée par M. Charles Blanc. Si la composition est de Boucher, le tableau que nous possédons a été peint par une autre main. M. Paul Mantz pense que ce tableau pourrait être attribué à Théolon. M. Clément de Ris est disposé à partager cette opinion.

BOUCHER (*École de* François).

383. *Un Berger et une Bergère.*

H. 0,11. — L. 0,14. — C. — Fig. de 0,08. — Forme ovale.

Acheté par la Ville en 1850.

BOUGUEREAU (William-Adolphe), *né à La Rochelle.*

334. *Le Jour des Morts.*

H. 1,46. — L. 1,18. — T. — Fig. de gr. nat.

Deux jeunes femmes vêtues de noir sont à genoux

près d'une tombe. L'une d'elles, appuyée sur sa compagne, dépose une couronne d'immortelles sur la croix.

Acheté par la Ville à l'exposition de la Société des Amis des arts de Bordeaux en 1860. — Signé et daté.

385. *Une Bacchante.*

H. 1,45. — L. 1,85. — T. — Fig. de gr. nat.

Couchée sur le gazon, la tête couronnée de lierre, souriante et entièrement nue, elle joue avec une chèvre dont elle a saisi la barbe de la main gauche. Le haut du corps, légèrement relevé, appuie sur le bras droit et se détache sur un massif de pampres. A droite, au second plan, une rivière ombragée d'arbres et bordée de roseaux.

Acheté par la Ville à l'exposition de la Société des Amis des arts de Bordeaux en 1864. — Signé et daté.

BOULANGER (CLÉMENT), *né à Paris en 1806, mort à Magnésie, en Asie-Mineure, le 29 septembre 1842.*

386. *Portrait de Monseigneur Donnet, archevêque de Bordeaux.*

H. 1,31. — L. 0,97. — T. — Fig. de gr. nat. à mi-corps.

Donné au Musée par l'auteur. — Signé et daté.

387. *Vendanges dans le Médoc.*

H. 0,67. — L. 0,93. — T. — Fig. de 0,25.

Le centre du tableau est occupé par une charrette attelée de bœufs et chargée de cuves, dans lesquelles les vendangeurs viennent vider leurs bastes pleines. Au premier plan, à droite, une femme allaite son enfant.

Donné par l'État en 1844. — Signé.

BOULOGNE (BON) *ou* **DE BOULLONGNE**, *dit* L'AINÉ, *peintre et graveur, né à Paris en 1649, mort dans la même ville le 16 mai 1717.*

388. *Portrait d'un fils légitimé de Louis XIV.*

H. 0,67. — L. 0,55. — T. — Fig. de gr. nat.

Ce personnage est représenté en buste et de trois quarts, sur une toile de forme ovale.

Collection Lacaze. 1829.

BOULOGNE (Louis) *ou* **DE BOULLONGNE**, *père du précédent, né à Paris en 1609, mort dans la même ville le 15 juin 1674.*

389. *Baptême de Constantin.*

H. 1,61. — L. 2,26. — T. — Fig. en pied pet. nat.

Un catéchumène, suivi de deux personnages, est à genoux sur les marches d'un temple; ses bras sont croisés sur sa poitrine; devant lui, l'évêque, entouré de ses acolytes et de plusieurs autres assistants, verse l'eau sur sa tête et prononce les paroles sacramentelles en appuyant la main sur un livre soutenu par un diacre. On aperçoit en haut le Saint-Esprit qui descend sous la forme d'une colombe.

Donné par l'État en 1803.

Ce tableau, envoyé par le Musée central, était attribué à Michel CORNEILLE. La toile, qui a été coupée à droite, laisse voir très distinctement les premières lettres d'une signature commençant ainsi : L. Bo... Nous avons d'autant moins hésité à rendre cette peinture à Louis BOULOGNE, qu'elle ne rappelle nullement la manière de Michel CORNEILLE.

BOUNIEU (MICHEL-HONORÉ), *peintre et graveur, né à Marseille en 1740, mort à Paris en 1814.*

390. *Tête de femme.*

H. 0,40. — L. 0,32. — T. — Fig. de gr. nat.

Buste vu de trois quarts, tourné à droite, le sein à demi nu.

Collection Lacaze. 1829.

391. *Baigneuses.*

H. 0,77. — L. 0,51. — T. — Fig. de 0,37.

Des femmes turques, groupées sur le bord de la mer, se disposent à se baigner. Un aigle vient d'enlever la sandale de l'une d'elles. Celle-ci étend les bras pour essayer de la ressaisir; les autres regardent avec surprise l'oiseau qui s'envole.

Acheté par la Ville en 1850. — Provient de la collection de M. Legrix de Tustal.

BOURGUIGNON. — *Voir* COURTOIS.

BRASCASSAT (Jacques-Raymond), *peintre et graveur, né à Bordeaux le 30 août 1804, mort à Paris le 28 février 1867.*

392. *Paysage. — Mort du sanglier de Calydon.*

H. 1,13. — L. 1,45. — T. — Fig. de 0,15.

Diane, offensée que Méléagre eût négligé de lui faire un sacrifice, envoya un sanglier ravager les forêts d'Etolie. Méléagre rassembla les chasseurs et les bergers pour en délivrer la contrée. Atalante, fille de Jasius, roi d'Arcadie, s'étant jointe à la troupe des chasseurs, blessa la première le sanglier; mais, renversée par l'animal, Atalante allait périr, lorsque Méléagre vint à son secours et tua le monstre. — Le groupe est au centre de la composition; à droite, s'élèvent de grands arbres au pied desquels on voit un torrent; à gauche, un temple et des montagnes à l'horizon.

_{Ce tableau a obtenu le second prix dans le concours de paysage historique en 1825. Il fut acheté et donné au Musée de Bordeaux la même année par le comte de Peyronnet. — Signé et daté.}

393. *Vue prise à Sorrente.*

H. 0,39. — L. 0,46. — T. — Fig. de 0,07.

A droite, une terrasse dominant le golfe de Naples; elle est abritée par un toit rustique soutenu par des colonnes et ombragé par deux chênes, dont l'un occupe le centre de la composition. Deux femmes causent ensemble; plus loin, un homme joue de la mandoline. Au second plan, le golfe, et, dans le fond, le Vésuve, du cratère duquel s'élance de la fumée.

_{Legs de M. Fieffé en 1856. — Signé d'un monogramme et daté.}

394. *Vue prise dans la Lozère.*

H. 0,34. — L. 0,41. — T.

Une petite rivière coule dans un pays accidenté. Un homme dans une barque transporte d'une rive à l'autre un troupeau de moutons. A gauche du tableau se dresse la paroi verticale d'un coteau rocheux, au pied duquel on voit un chemin que suit une bergère conduisant son troupeau.

_{Legs de M. Fieffé en 1856. — Signé et daté.}

395. *Paysage.*
H. 0,65. — L. 0,54. — T. — Fig. de 0,05.

Un ruisseau se précipite d'un monticule, au sommet duquel on voit les maisons d'un village, et coule paisiblement à travers une prairie ombragée d'arbres. Plusieurs personnages animent ses deux rives. Quelques-uns paraissent se diriger vers un temple placé à gauche du tableau, sur la lisière d'un bois. Au premier plan, un jeune berger, accompagné d'un chien, adresse la parole à un vieillard qui est assis au bord du cours d'eau, tenant une lyre et un bâton. A l'horizon, des montagnes.

<small>Donné par Mme Vve Poitevin en 1880. — Signé d'un monogramme et daté.</small>

BRIANT (JEAN), *né à Bordeaux le 4 février 1760, mort à Toulouse le 20 août 1799.*

396. *Paysage.*
H. 0,59. — L. 0,45. — T. — Fig. de 0,05.

Vue d'Italie, prise à Tivoli. A droite, des rochers élevés, que couronnent les ruines d'un vaste édifice et d'où se précipite une cascade. Plus loin, un pont d'une seule arche au-dessus d'un cours d'eau. Au second plan, des collines boisées, que domine le sommet d'une montagne plus éloignée. Dans le bas, à gauche, trois baigneuses.

<small>Acheté par la Ville en 1846.</small>

BROWN (JOHN-LEWIS), *né à Bordeaux.*

397. *Le Jour de sortie des pensionnaires. (Jardin zoologique d'acclimatation.)*
H. 0,84. — L. 0,57. — T. — Fig. de 0,50.

Jeune homme portant un bâton, sur lequel sont perchés des oiseaux exotiques de diverses espèces et d'un plumage brillant.

<small>Acheté par la Ville à l'exposition de la Société des Amis des arts de Bordeaux en 1866. — Signé et daté.</small>

398. *Bataille, le 17 juin 1815, sept heures du soir.*
H. 1,23. — L. 1,57. — T. — Fig. de 0,45.

« Napoléon, vainqueur des Prussiens à Ligny, et craignant leur jonction avec les Anglais au delà de

Bruxelles, fait déployer les cuirassiers du général Milhaud, pour s'assurer de la position des Anglais au Mont-Saint-Jean. Ce mouvement fit démasquer cinquante pièces d'artillerie, et décida l'attaque du lendemain. » — (Voir M. Thiers, *Waterloo*, p. 186.)

L'empereur est au centre de la composition, une lorgnette à la main; il semble chercher à voir l'effet du mouvement qu'il vient d'ordonner. Sa silhouette se détache sur un épais nuage de fumée. Le premier plan est occupé par plusieurs figures à cheval. On voit sur le sol les cadavres de quelques ennemis tués dans un autre engagement.

Donné par l'État en 1872. — Signé et daté.

BRUN (*École de* CHARLES LE), *peintre, graveur et architecte, né à Paris le 24 février 1619, mort aux Gobelins dans la même ville le 12 février 1690.*

399. *Nymphe poursuivie par un fleuve.*

H. 1,50. — L. 0,95. — T. — Fig. de 0,70.

Au moment où la nymphe va être atteinte, une divinité l'enlève et l'enveloppe d'un nuage. Le fleuve qui la poursuit tient un gouvernail; autour de son corps flotte une draperie bleue. A droite du tableau, un groupe d'arbres, et dans le fond, à gauche, une montagne escarpée.

Donné par l'État en 1819.

400. *Bacchus et Ariane.*

H. 1,10. — L. 0,90. — T. — Fig. de 0,47.

Ariane, presque nue, est assise au pied de grands arbres et paraît endormie. Près d'elle, Bacchus à demi agenouillé sur une peau de tigre, un vêtement bleu sur les épaules, se retourne pour parler à une nymphe. Celle-ci est debout, le bras gauche levé, et tient de la main droite un enfant qui caresse un chien. L'Amour, armé de son arc et de ses flèches, voltige au-dessus du groupe. Dans le fond, à droite, la surface tranquille de la mer.

Donné par Mme Vve de Ségur en 1869.

BRUN (Mme ÉLISABETH-LOUISE VIGÉE LE), *née à Paris le 16 avril 1755, morte dans la même ville le 30 mars 1842.*

ÉCOLE FRANÇAISE.

401. *Hébé.*

H. 0,91. — L. 0,72. — T. — Fig. jusqu'aux genoux de gr. nat.

Jeune femme assise, vue de face, couronnée de fleurs, vêtue d'une légère tunique blanche, les bras et le sein nus. Une draperie rose lui couvre les genoux; elle tient une guirlande de fleurs. Fond de paysage avec une tige de passerose et des troncs d'arbres au premier plan.

Donné par M. Doucet en 1805.

BURGADE (LOUIS-ÉMILE), *peintre et dessinateur, né à Bordeaux en 1803.*

402. *Frégate française en vue d'une côte.*

H. 0,60. — L. 0,74. — T.

Acheté par la Ville en 1830. — Signé et daté.

CABAT (LOUIS), *né à Paris.*

403. *Paysage.*

H. 1,04. — L. 1,49. — T. — Fig. de 0,10.

Au milieu des bois et des prairies d'une riche contrée se déroulent paisiblement les sinuosités d'une rivière limpide; sur ses bords, on voit quelques vaches. A droite, au premier plan, plusieurs barques qu'on a tirées sur le rivage, et, un peu plus loin, sous les grands arbres qui ombragent la rive, un homme étendu et paraissant endormi.

Donné par l'État en 1858. — Signé.

CARESME (PHILIPPE), *né vers 1740, mort à Paris à la fin du XVIIIe siècle.*

404. *Baigneuses.*

H. 0,18. — L. 0,25. — Fig. de 0,13. — Aquarelle.

Donné par M. Doucet en 1805. — Signé et daté.

CARREY (JACQUES), *né à Paris vers 1640, mort dans la même ville le 23 octobre 1694.*

405. *Cérémonie turque. Présentation d'un ambassadeur français au sultan.*

H. 0,90. — L. 1,21. — T. — Fig. de 0,25.

Au fond d'une grande salle, décorée de tentures et de

blanc, se tourne du côté des soldats et semble donner un ordre.

Collection Lacaze. 1829.

CASEY (DANIEL).

408. Le Christ sur la croix.
H. 0,65. — L. 0,54. — T. — Fig. à mi-corps pet. nat.

Acheté par la Ville en 1875. — Signé.

CHABRY (LÉONCE), né à Bordeaux.

409. Paysage. — La prairie (environs de Bruxelles).
H. 0,99. — L. 1,33. — T. Fig. de 0,04.

Une prairie, d'aspect plantureux, traversée par une rivière qui coule à l'ombre de grands arbres. D'énormes troncs dépouillés de leurs branches sont étendus sur l'herbe. Au second plan, la lisière d'un bois, un homme assis et quelques vaches en train de paître.

Acheté par la Ville à l'exposition de la Société des Amis des arts de Bordeaux en 1867. — Signé.

CHAIGNEAU (JEAN-FERDINAND), né à Bordeaux.

410. Paysage.
H. 1,15. — L. 1,47. — T. — Fig. de 0,18.

A gauche, deux bergers au bord d'une source qui s'échappe du pied d'un coteau: l'un est assis, l'autre est debout et porte des chevreaux. A droite, des rochers, parmi lesquels croissent des lauriers-roses. Dans le fond, près d'un lac ou d'une rivière, s'élèvent de grands arbres à l'ombre desquels paissent des animaux. On aperçoit à quelque distance un tombeau caché sous le feuillage. — (Sujet tiré de la 9e églogue de Virgile, *Lysidas et Mœris.*)

Donné par la Société des Amis des arts de Bordeaux en 1854. — Signé et daté.

411. Paysage. — La Samaritaine.
H. 1,14. — L. 1,47. — T. — Fig. de 0,15.

Au premier plan, le Christ est assis sur le bord de la fontaine où la jeune femme est venue puiser de l'eau. Derrière eux s'élève un groupe d'arbres. A droite est un chemin dans lequel on voit deux figures et qui conduit à une ville située sur le revers d'un coteau.

Donné par l'auteur en 1854.

CHAPLIN (CHARLES-JOSUAH), *né aux Andelys (Eure).*

412. *L'Appel dans les bruyères.*

H. 0,82. — L. 0,62. — T. — Fig. de 0,25.

Quelques paysannes bretonnes, groupées sur un terrain couvert de bruyères, s'apprêtent à regagner le logis. L'une d'elles, vue de dos, a déjà chargé sa récolte sur sa tête; une autre, à genoux, rassemble la sienne dans une toile bleue; plus loin, une troisième appelle ses compagnes. Au premier plan, des roches grises, légèrement éclairées par le soleil à son déclin, parmi lesquelles un enfant est encore occupé à couper des herbes.

Donné par l'État en 1853. — Signé et daté.

CLERC (*Attribué à* SÉBASTIEN LE), *né à Paris en 1677, mort aux Gobelins le 29 juin 1763.*

413. *Atropos.*

H. 0,72. — L. 0,72. — T. de forme ronde. — Fig. de gr. nat.

Elle est représentée sous les traits d'une vieille femme, coiffée et vêtue à la moderne. Assise et vue à mi-corps, elle coupe un morceau d'un écheveau de fil.

Acheté par la Ville en 1848. — Avait fait partie de la galerie de M. Journu Aubert.

CLOUET ou CLOET (*École de* FRANÇOIS), *né à Tours vers 1500, mort vers 1572.*

414. *Portrait de femme.*

H. 0,21. — L. 0,17. — B. — Fig. à mi-corps de 0,17.

Vêtue d'une robe noire et coiffée d'une sorte de bonnet blanc, elle a autour du cou une chaîne d'or et une collerette gaufrée. Costume du temps d'Henri III.

Legs de M. Duffour-Dubergier en 1861.

Ce portrait était précédemment attribué à François CLOUET; mais l'inscription suivante, qu'on trouve sur le panneau et qui indique, avec l'âge du modèle, l'année où le portrait a été fait : Æta. 82. 1587, ne permet pas d'admettre qu'il soit de la main de ce peintre.

COGNIET (Léon), *né à Paris en 1798, mort dans la même ville en 1880.*

415. *Tintoret peignant sa fille morte.*

<small>H. 1,44. — L. 1,58. — T. — Fig. de gr. nat.</small>

La fille du grand peintre est représentée sur son lit de mort, éclairée par une lampe funèbre que voile à demi un rideau rouge et par les premières lueurs du jour qui va paraître. Près d'elle est son père, abîmé dans une sombre et muette contemplation. Ses yeux sont rougis par la veille et par la douleur; il a passé la nuit à fixer sur la toile les traits de la fille qu'il a perdue; il tient encore sa palette; sa main fatiguée a laissé tomber le pinceau et repose sur le bord du chevalet qui supporte l'image à peine achevée de celle qui n'est plus.

<small>Acheté par la Ville à l'exposition de la Société des Amis des arts de Bordeaux en 1853. — Signé et daté.</small>

416. *Bataille.*

<small>H. 0,20. — L. 0,29. — Fig. de 0,08. — Esquisse à la sépia rehaussée de blanc.</small>

<small>Legs de M. Ficffé en 1856. — Signée.</small>

COLIN (François), *né à Bordeaux le 16 juin 1798, mort dans la même ville le 15 février 1864.*

417. *La Fontaine des amours.*

<small>H. 0,76. — L. 0,96. — T. — Fig. de 0,15.</small>

A droite, une fontaine monumentale ornée de dauphins vomissant des jets d'eau, sur lesquels sont placés des enfants. Au centre, un assez grand nombre de personnages disséminés sous les ombrages d'un parc, parmi lesquels on distingue Cassandre entre Arlequin qui danse au son du tambourin, et Gilles qui joue de la mandoline. Au premier plan, un chien s'élance dans l'eau d'un bassin, pour rattraper un mouchoir qu'une petite fille y a laissé tomber.

<small>Signé et daté.</small>

418. *Crispin messager.*

<small>H. 0,96. — L. 0,74. — T. de forme ovale. — Fig. de 0,27.</small>

Sur une terrasse ombragée d'arbres sont réunis Cassandre, Nérine, Crispin, Arlequin et Pierrot. Au premier plan, Nérine caresse le menton de Cassandre pour détourner son attention et l'empêcher de s'apercevoir qu'elle remet un billet à Crispin. Arlequin danse devant eux. Plus loin, à côté d'un groupe de jeunes filles et de jeunes gens, Colombine élève une corbeille de roses, tandis qu'un jeune garçon cherche à l'embrasser et à saisir les fleurs.

Signé et daté.

Ces deux tableaux ont été achetés par la Ville à la vente du cabinet de M. Colin, en 1864.

COLIN (*Attribué à* FRANÇOIS).

419. *Descente de croix.*

H. 0,64. — L. 0,44. — B. — Fig. de 0,28.

Acheté par la Ville en 1860. — Provient de la galerie de M. R. Brown.

Ce tableau, précédemment attribué à Rembrandt, est une imitation ou une copie, faite, dit-on, par François Colin.

CONSTANT (BENJAMIN), *né à Paris.*

420. *Prisonniers marocains.*

H. 1,83. — L. 3,92. — T. — Fig. en pied plus gr. que nat.

Le centre du tableau est occupé par deux prisonniers, dont l'un, assis par terre, a la tête et les bras appuyés sur les genoux, dans une attitude qui exprime la douleur; l'autre est étendu sur le dos, les pieds et les poignets chargés d'entraves. A gauche, un garde, portant un costume de couleur verte, à reflets éclatants, se tient immobile, les bras croisés. A droite, un autre soldat, tenant un fusil, se retourne et parle à deux femmes. Par une ouverture circulaire pratiquée dans la porte de la prison, on voit la tête d'un prisonnier qui regarde les nouveaux venus.

Donné par l'État en 1875. — Signé et daté.

CONTANT (JULES), *né à Bordeaux.*

421. *Une Foire dans la Gironde.*

H. 2,48. — L. 5,00. — T. — Fig. pet. nat.

Au centre de la composition, devant un groupe d'arbres formant le motif principal d'un fond de paysage, une charrette traînée par quatre bœufs. A gauche, des paysans à pied et à cheval conduisant leurs bestiaux. A droite, des chèvres et deux chevaux, dont l'un mange des herbes qui lui sont présentées par une petite fille et un jeune garçon.

Donné par l'auteur en 1864. — Signé et daté.

COROT (JEAN-BAPTISTE-CAMILLE), *né à Paris en 1796, mort dans la même ville le 22 février 1875.*

422. *Paysage.*

H. 1,68. — L. 2,60. — T. — Fig. de 0,25.

A gauche de la composition, un lac ou une rivière bordé de coteaux ombragés. A droite, s'élèvent de grands arbres, dont le feuillage frissonne aux premiers souffles du matin, tandis que le croissant de la lune brille à travers les branches. Diane a choisi ce rivage pour y goûter le plaisir du bain. La vierge chasseresse et quelques-unes de ses nymphes se sont déjà plongées dans l'eau transparente; deux autres arrivent avec leurs lévriers; elles sont suivies de leurs compagnes, qu'on aperçoit vaguement parmi des rochers, dans l'ombre qui baigne encore l'entrée de la forêt voisine.

Acheté par la Ville à l'exposition de la Société des Amis des arts de Bordeaux en 1858. — Signé.

COSSON. — *Voir le n° 297.*

COTTRAU (F...).

423. *Portrait de Mlle Jenny Vertpré.*

H. 0,92. — L. 0,74. — T. de forme ovale. — Fig. de gr. nat. jusqu'aux genoux.

Provient du Grand-Théâtre de Bordeaux. Entré au Musée en 1880. — Signé et daté.

COURT (JOSEPH-DÉSIRÉ), *né à Rouen en 1797, mort à Paris en 1868.*

424. *Portrait de Henri Fonfrède.*

H. 0,64. — L. 0,58. — T. — Buste de gr. nat.

Donné au Musée par M. Court en 1843. — Signé et daté.

COURTOIS (JACQUES), *dit* LE BOURGUIGNON, *peintre et graveur, né à Saint-Hippolyte (Franche-Comté) en 1621, mort à Rome le 14 novembre 1676.*

425. *Engagement de cavalerie.*

H. 0,47. — L. 0,83. — T. — Fig. de 0,13.

La scène principale est à droite du tableau. Sur un plateau qui domine une vallée, des cavaliers, portant le costume du XVII° siècle, s'attaquent au pistolet et à l'épée. Dans la mêlée qui occupe le premier plan, on voit un homme renversé de son cheval, qui, blessé lui-même, tombe à côté de son maître. L'engagement se prolonge sur le revers de la colline et dans le fond de la vallée.

Collection Lacaze. 1829.

426. *Engagement de cavalerie.*

H. 0,47. — L. 0,83. — T. — Fig. de 0,16.

Comme dans le tableau précédent, l'action principale est à droite; elle a été engagée entre des soldats turcs et des cavaliers chrétiens. Au milieu des combattants, un soldat turc lève comme un étendard une lance à laquelle est attachée une queue de cheval. Au premier plan, un cavalier chrétien abat d'un coup de pistolet l'un des Turcs, dont le cheval s'affaisse en entraînant son maître. Plus loin, à gauche, on aperçoit des fuyards qui se précipitent dans un ravin et cherchent à gagner la plaine.

Collection Lacaze. 1829.

COUSIN (JEAN), *né à Souci (près de Sens) en 1501, mort vers 1589.*

427. *Dessin à la plume et au bistre.*

H. 0,33. — L. 0,26. — Fig. de 0,12.

Sujet composé de différentes scènes empruntées à l'Écriture sainte.

Légué à la Ville par Mme Vve Poitevin en 1880.

COYPEL (ANTOINE), *peintre et graveur, né à Paris le 11 avril 1661, mort dans la même ville le 7 janvier 1722.*

428. *Vision de sainte Catherine de Sienne.*

H. 1,78. — L. 1,30. — T. — Fig. principale en pied pet. nat.

Dans le haut de la composition, on aperçoit le Père Éternel, Jésus-Christ portant sa croix et le Saint-Esprit sous la forme d'une colombe. Aux pieds de la Trinité,

ÉCOLE FRANÇAISE.

trois anges qui se tiennent enlacés portent une couronne d'épines et paraissent l'offrir à sainte Catherine qui, assise et les mains croisées, contemple cette vision.

Donné par l'État en 1803. — Signé.

COYPEL (NOEL), *peintre et graveur, né à Paris le 25 décembre 1628, mort dans la même ville le 24 décembre 1707.*

429. *Triomphe d'Apollon.*

H. 1,57. — L. 1,26. — T. — Fig. en pied demi-nat.

Le dieu est représenté au centre du tableau, vu de face et assis; sa main droite est appuyée sur sa lyre; près de lui, des enfants jouent avec son arc et ses flèches. Dans les airs, un génie, sous les traits d'une jeune fille, les ailes déployées et tenant une palme, dépose une couronne de laurier sur la tête d'Apollon. Dans le fond, à droite, on aperçoit le corps du serpent Python, percé par les flèches du dieu. *Donné par l'État en 1872. — Signé.*

CUREAU (GUILLAUME), *peintre bordelais, vivait au XVIIIe siècle.*

430. *Portrait de messire de Mullet, seigneur de la Tour, conseiller du roi et avocat général au Parlement de Bordeaux.*

H. 0,69. — L. 0,57. — T. — Buste de gr. nat.

Acheté par la Ville en 1856.

CURZON (PAUL-ALFRED PARENT DE), *né à Moulinet, près Poitiers.*

431. *Paysage. — Le Vésuve.*

H. 1,15. — L. 1,51. — T. — Fig. de 0,15.

A droite du tableau, des rochers et des arbres assombris par l'approche de la nuit. Sur le premier plan, deux paysannes, dont l'une est assise et l'autre debout; plus loin, un troupeau de chèvres, les ruines de l'amphithéâtre de Pompéi, et enfin le Vésuve, au-dessus duquel s'élève une colonne de feu et de fumée.

Acheté par la Ville à l'exposition de la Société des Amis des arts de Bordeaux en 1865. — Signé.

DAUBIGNY (Charles-François), *peintre et graveur, né à Paris en 1817, mort dans la même ville en 1877.*

432. *Les Bords de l'Oise.*

H. 0,87. — L. 1,81. — T.

Au centre du tableau, une île ombragée par des arbres touffus. Sur ce rideau de verdure sombre qu'éclairent les rayons du soleil couchant et que reflète la surface tranquille de la rivière, se détache une barque remorquée par des chevaux. Au premier plan, des canards et quelques touffes de joncs nettement indiquées; à gauche, une laveuse sur la berge.

<small>Acheté par la Ville à l'exposition de la Société des Amis des arts de Bordeaux en 1863. — Signé et daté.</small>

DAUZATS (Adrien), *peintre et littérateur, né à Bordeaux le 17 juillet 1804, mort à Paris le 18 février 1868.*

433. *Vue intérieure d'un palais à Bogdad. — Sindbad le marin remet après le repas une bourse au porteur Hindbad, et le fait revêtir d'un habit.* (Contes arabes.)

H. 1,50. — L. 2,00. — T. — Fig. de 0,29.

La scène se passe dans un riche palais d'architecture mauresque. De nombreux personnages sont réunis dans une vaste salle donnant sur des jardins. Les uns sont debout, les autres assis ou à demi couchés sur des divans. Sindbad et le porteur occupent le centre de la composition; derrière celui-ci se tient un serviteur, prêt à le couvrir d'un vêtement qu'il vient d'apporter.

<small>Acheté par la Ville à l'exposition de la Société des Amis des arts de Bordeaux en 1868.</small>

<small>A. Dauzats est mort la même année, laissant ce tableau inachevé.</small>

434. *Principale façade du collège-séminaire de Santelmo, à Séville.*

H. 0,66. — L. 0,55. — T. — Fig. de 0,07.

<small>Acheté par la Ville à l'exposition de la Société des Amis des arts de Bordeaux en 1867. — Signé.</small>

435. *Intérieur de l'église du couvent Sainte-Catherine au mont Sinaï.*

H. 0,64. — L. 0,48. — T. — Fig. de 0,09.

L'auteur s'est représenté dans ce tableau, vêtu d'un

costume oriental et assis sur les dalles de l'église, il est occupé à peindre; plusieurs personnages le considèrent.

Donné par M. Abiet en 1877. — Signé et daté.

DEDREUX (ALFRED), *né à Paris.*

436. *Portrait équestre du duc d'Orléans.*

H. 3,91. — L. 2,92. — T. — Fig. en pied de gr. nat.

Il est représenté sur un cheval bai brun, suivi de son état-major, dans lequel on reconnaît le fils du maréchal Ney, duc d'Elchingen, mort en Crimée.

Donné par l'État en 1844. — Signé.

DEDREUX-DORCY (PIERRE-JOSEPH), *né à Paris en 1789, mort en 1853.*

437. *Bajazet et le berger.*

H. 3,09. — L. 2,75. — T. — Fig. en pied plus gr. que nat.

Prêt à livrer la bataille d'Ancyre, dans laquelle il fut vaincu et fait prisonnier par Tamerlan, Bajazet agité de noirs pressentiments se promène tout pensif. Des sons viennent frapper son oreille, il s'arrête et considère un berger qui joue de la flûte, image de la vie simple et du repos qui lui sont refusés.

Donné par l'État en 1816. — Gravé par MM. Coiny et Calamatta.

DELACROIX (FERDINAND-VICTOR-EUGÈNE), *peintre et littérateur, né à Charenton (Seine) le 26 avril 1799, mort à Paris le 13 août 1863.*

438. *Un Lion.*

H. 0,46. — L. 0,54. — T.

Couché parmi des roseaux, il semble rugir à l'approche de cavaliers qu'on aperçoit dans le fond gravissant au galop les pentes de la montagne où il a établi son repaire.

Légué à la Ville en 1845 par le général baron Delacroix, frère de l'auteur. Signé et daté.

439. *Un Arabe.*

H. 0,32. — L. 0,41. — T. — Fig. de 0,26.

Assis à terre, armé de toutes pièces, il écoute un bruit éloigné qui a frappé ses oreilles. Son cheval est debout auprès de lui.

Légué à la Ville en 1845 par le général baron Delacroix, frère de l'auteur. Signé et daté.

440. *La Grèce expirante sur les ruines de Missolonghi.*

H. 2,09. — L. 1,41. — T. — Fig. en pied de gr. nat.

Prête à succomber, la poitrine à demi découverte, le genou appuyé sur des pierres sanglantes, parmi lesquelles on distingue un canon brisé et le bras de l'un des héros qui sont morts pour la patrie, la Grèce, personnifiée par une jeune femme, se tient debout dans une attitude tragique sur les ruines qui ont écrasé ses défenseurs. Plus loin, un soldat turc plante son étendard sur les restes fumants de la ville détruite.

Exécuté en 1827; acheté par la Ville en 1852. — Signé.

441. *La Chasse aux lions.*

H. 2,60. — L. 3,59. — T. — Fig. en pied de gr. nat.

La partie supérieure de ce tableau a été entièrement détruite dans l'incendie du 7 décembre 1870. Le fragment qu'on a pu sauver a été rentoilé et conservé comme un précieux monument de l'œuvre du maître.

Donné par l'État en 1853. — Signé et daté.

DE MARNE. — *Voir* MARNE (DE).

DEMAY, *né à Mirecourt (Vosges).*

442. *Paysage avec figures.*

H. 0,24. — L. 0,33. — T. — Fig. de 0,03.

Un postillon, monté sur un cheval blanc, est arrêté à la porte d'une hôtellerie; il cause avec une femme, tandis qu'un homme se dirige vers lui, tenant une bouteille et un verre. On voit à côté du postillon un autre cavalier et un chien; plus loin, un berger conduisant des moutons; au second plan, une église et, à l'horizon, des montagnes.

Légué à la Ville par M. Guitard en 1875. — Signé et daté.

DESPERIERS (Mme), *peintre de portraits, exposa de 1810 à 1819.*

442 ^{bis}. *Portrait de Mme la duchesse d'Angoulême.*

H. 2,19. — L. 1,49. — T. — Fig. en pied de gr. nat.

Elle est représentée debout, la main droite posée sur des papiers où l'on remarque le plan de la ville de Bordeaux et la date du 12 mars.

Donné par l'État en 1823. — Signé et daté.

ÉCOLE FRANÇAISE.

DEVILLY (LOUIS-THÉODORE), *né à Metz.*

443. *Le Combat de Sidi-Brahim.*
  H. 1,90. — L. 2,67. — T. — Fig. de 0,50.

Une poignée de soldats français, cernés par l'armée d'Abd-el-Kader, essaient de se faire jour à la baïonnette. Écrasés par le nombre, ils tombent après une lutte héroïque autour des corps de leurs officiers. Derrière la mêlée, on aperçoit les collines sablonneuses du désert et, dans un nuage de poussière et de fumée, les cavaliers ennemis, qui accourent de tous côtés. — Le sujet de ce tableau a été emprunté à la relation du combat de Sidi-Brahim (26 septembre 1845), écrite par le duc d'Aumale dans la *Revue des deux Mondes.*

Acheté par la Ville à l'exposition de la Société des Amis des arts de Bordeaux en 1860. — Signé et daté.

DIAZ DE LA PEÑA (NARCISSE-VIRGILE), *né à Bordeaux le 21 août 1807, mort à Menton le 18 novembre 1876.*

444. *Paysage. — Forêt de Fontainebleau.*
  H. 0,72. — L. 0,93. — T. — Fig. de 0,03.

Au centre du tableau, un sentier bordé d'arbres. Le terrain, mouillé par une pluie récente, est parsemé de flaques d'eau, d'ajoncs, d'arbustes et de bruyères, d'où s'exhale une vapeur humide. Au premier plan, à droite et à gauche, se dressent plusieurs chênes, dont l'écorce, diversement éclairée, fait des taches sombres ou brillantes sur le fond de verdure. L'un de ces arbres est mort et ses branches nues sont brisées. Plus loin, le feuillage, déjà jauni par l'automne, s'enlève en tons lumineux sur le ciel qui reprend sa sérénité. Une figure au second plan.

Acheté par la Ville à l'exposition de la Société des Amis des arts de Bordeaux en 1872. — Signé et daté.

DORIGNY (LOUIS), *peintre et graveur, né à Paris en 1654, mort à Vérone en 1742.*

445. *Suzanne et les Vieillards.*
  H. 0,67. — L. 0,61. — T. — Fig. de 0,31.

Suzanne est représentée au moment où elle est surprise par les deux vieillards. L'un d'eux lui offre une bourse, tandis que l'autre paraît saisi d'admiration. Elle lève les yeux au ciel et cherche à se voiler avec plus de coquetterie que d'empressement.

Collection Lacaze 1829.

DOUARD (ULYSSE), *né à Bordeaux, mort dans la même ville en 1877. (Voir le n° 605.)*

DROLLING (MICHEL-MARTIN), *né à Oberbergheim, près Colmar, en 1752, mort à Paris en 1817.*

446. *La Prudence.*

H. 1,36. — L. 1,83. — T. — Fig. en pied de gr. nat.

Jeune fille entièrement nue, vue de dos, la tête de profil. A demi couchée sur des nuages et appuyée sur le bras droit, elle tient de la main gauche un miroir entouré d'un serpent.

Donné par l'État en 1876. — Signé et daté.

DROUYN (FRANÇOIS-JOSEPH-LEO), *peintre, littérateur et graveur, né à Izon (Gironde).*

447. *Plan de la ville de Bordeaux en 1450.*

H. 0,71. — L. 0,93. — Dessin à la plume et au lavis.

Acheté par la Ville en 1875. — Signé et daté.

448. *Travaux d'isolement de la Cathédrale de Bordeaux.*

H. 0,20. — L. 0,42. — Gravure à l'eau-forte. — Signée et datée.

DUBOIS-DRAHONET (ALEXANDRE-JEAN), *peintre de portraits.*

449. *Portrait du duc de Bordeaux.*

H. 1,52. — L. 1,09. — T. — Fig. en pied de gr. nat.

Le jeune prince est représenté debout et de face, en costume de colonel de cuirassiers; il tient une épée nue. Dans le fond, les ombrages du parc de Saint-Cloud et Paris à droite.

Donné par l'État en 1828. — Signé et daté.

DUCLAIRCQ (Jean). XVIIᵉ siècle.

450. *La Sainte-Trinité.*

H. 3,30. — L. 2,23. — T. — Fig. de gr. nat.

A droite de la composition, Dieu le père, tenant un sceptre d'une main et un globe terrestre de l'autre. A gauche, Jésus-Christ portant sa croix. Dans le haut, le Saint-Esprit, sous la forme d'une colombe, au milieu d'une gloire qu'environnent des chérubins. Dans le bas du tableau, des anges en adoration.

Donné par la Fabrique de l'église Saint-Pierre en 1880. — Signé et daté.

DUPAVILLON, *peintre de portraits.*

451. *Portrait de Louis-Philippe.*

H. 2,59. — L. 1,95. — T. — Fig. de gr. nat.

Il est représenté debout, en costume de général de la garde nationale.

Donné par l'État en 1848.

DURAND (Cyrile), *né à Bordeaux en 1790, mort dans la même ville le 8 octobre 1840.*

452. *Intérieur.*

H. 0,27. — L. 0,22. — T. — Fig. de 0,16.

L'artiste s'est représenté debout, appuyé contre la porte de son atelier. On voit au second plan une autre pièce, dans laquelle est une jeune femme tenant une broderie à la main.

Acheté par la Ville en 1880. — Signé d'un monogramme.

DURAND-BRAGER (Henri), *peintre et littérateur, né à Dol (Ille-et-Vilaine).*

453. *Combat de la frégate de Bordeaux le Niémen, contre les frégates anglaises l'Améthyste et l'Aréthuse, les 5 et 6 avril 1809.*

H. 1,93. — L. 3,23. — T. — Fig. de 0,06.

Le combat a lieu pendant la nuit. A droite du tableau, les navires en présence, les clartés sinistres et la fumée des décharges d'artillerie, au milieu desquelles on voit flotter le drapeau français et se mouvoir les combattants. A gauche, un navire désemparé sur la surface paisible de la mer éclairée par la lune.

Donné par l'auteur en 1844. — Signé et daté.

454. *Combat du corsaire français* la Dame-Ambert, *contre la frégate anglaise* Lily.

H. 1,96. — L. 2,60. — T. — Fig. de 0,07.

Le corsaire français vient d'aborder la corvette ennemie, dans les gréages de laquelle son beaupré s'engage et se brise. L'équipage tout entier envahit le pont de la *Lily*, et la lutte est ardente de part et d'autre. A l'horizon, du côté droit, s'allongent dans une brume lumineuse les falaises de la côte.

Ce tableau, commandé par le Conseil municipal en 1846, est entré au Musée en 1850. — Signé et daté.

DUVAL-LECAMUS (Pierre), *né à Lisieux (Calvados) en 1790, mort à Saint-Cloud en 1854.*

455. *Intérieur.*

H. 0,33. — L. 0,25. — T. — Fig. de 0,22.

Une jeune femme dépose un panier de provisions sur la table d'une cuisine. Un homme d'un certain âge, une serviette autour du cou et une bouilloire à la main, la prend par l'épaule et veut l'attirer vers lui. La servante repousse doucement la main de son maître. Dans le fond, la maîtresse du logis qui arrive est témoin de cette scène.

Legs de M. Fieffé en 1856. — Signé.

DUVERGER (Théophile-Emmanuel), *né à Bordeaux.*

456. *Cache-Cache.* — *Scène d'intérieur.*

H. 0,43. — L. 0,63. — T. — Fig. de 0,19.

Dans une salle rustique, dont la porte est ouverte et laisse pénétrer les rayons du soleil, une jeune femme est assise et travaille près de la cheminée, tandis que plusieurs enfants jouent autour d'elle.

Donné par l'État en 1874. — Signé.

EISEN (Charles), *peintre et graveur, né à Paris en 1721, mort dans la même ville en 1780.*

457. — *Un Berger et une Bergère.*

H. 0,35. — L. 0,28. — B. — Fig. de 0,12.

Un jeune homme a pris le bras d'une jeune fille, à côté de laquelle il est assis, et cherche à l'attirer vers

ÉCOLE FRANÇAISE.

lui. Autour d'eux, des ustensiles de ferme et divers animaux; dans le fond, une tour et un vieux mur couvert de végétation.
Collection Lacaze. 1829.

458. *L'Oiseleur.*
H. 0,35. — L. 0,28. — B. — Fig. de 0,12.

Un jeune homme, caché derrière des branches coupées, veille sur ses filets, tandis que deux jeunes filles jouent avec un oiseau qu'un enfant cherche à saisir.
Collection Lacaze. 1829.

459. *Villageois dansant dans la campagne.*
H. 0,21. — L. 0,29. — B. — Fig. de 0,06.

Des villageois dansent en rond autour d'un arbre; à gauche, deux hommes, dont l'un tient un violon; au second plan, à droite, une chaumière.
Collection Lacaze. 1829.

460. *Villageois se reposant sous un arbre.*
H. 0,21. — L. 0,29. — B. Fig. de 0,04.

Assis sur un banc, au pied d'un arbre, des villageois se divertissent et boivent; l'un d'eux lève son verre; plus en avant et dans l'ombre, un ménétrier joue de la clarinette. A quelque distance, on voit des maisons rustiques et, dans le fond, des montagnes.
Collection Lacaze. 1829.

EYSEN. — *Voir* EISEN.

FELON (JOSEPH), *peintre, sculpteur et dessinateur, né à Bordeaux.*

461. *Nymphe chasseresse.*
H. 1,78. — L. 1,28. — T. — Fig. en pied de gr. nat.

Couronnée de fleurs et à demi vêtue d'une tunique blanche, elle est assise au pied d'un chêne sur une peau de léopard et caresse un lévrier.
Donné par l'auteur en 1848. — Signé et daté.

462. *L'Histoire consulte la Vérité.*
H. 0,36. — L. 0,58. — Fig. de 0,23. — Dessin à la plume rehaussé de blanc, d'après les bas-reliefs exécutés par l'auteur au Louvre.
Donné par l'auteur en 1874.

FERDINAND L'AÎNÉ ou LE VIEUX (LOUIS-ELIE), *peintre et graveur, né à Paris en 1612, mort dans la même ville le 12 décembre 1689.*

463. *Portrait de femme.*

H. 1,36. — L. 1,04. — T. — Fig. presque en pied de gr. nat.

Elle est assise dans un parc, les épaules nues, vêtue d'une robe bleue avec des manches tombantes doublées de rouge. La main droite, appuyée sur un vase, tient une fleur. Costume du XVIIe siècle.

Acheté par la Ville en 1861.

FEYTAUD (Mme SOPHIE TAVEL) *a habité Bordeaux sous la Restauration.*

464. *Deux Ramoneurs.*

H. 0,72. — L. 0,59. — T. — Fig. à mi-corps pet. nat.

Ils sont représentés debout et de face, se partageant les restes d'un repas.

Acheté par la Ville en 1830. — Signé et daté.

FLANDRIN (JEAN-PAUL), *né à Lyon.*

465. *Au bord de l'eau.*

H. 0,36. — L. 0,23. — T. — Fig. de 0,09.

Trois baigneuses se reposant au bord d'un cours d'eau, sur l'herbe d'une prairie émaillée de fleurs.

Donné par l'État en 1868. — Signé et daté.

FRANÇAIS (FRANÇOIS-LOUIS), *né à Plombières.*

466. *Paysage.*

H. 3,00. — L. 2,40. — T.

Un groupe d'arbres aux environs de Honfleur. Ils dressent au centre du tableau leurs troncs lisses et leurs branches dépouillées par l'automne. A gauche, l'embouchure de la Seine, tachée de voiles blanches. A droite, un buisson battu par le vent.

Donné par l'État en 1860. — Signé et daté.

GALARD (Comte GUSTAVE DE), *peintre et dessinateur, né au château de Lille, près de Lectoure, vers l'an 1777, mort à Bordeaux en 1840.*

467. *Vue prise à La Teste.*
H. 0,40. — L. 0,56. — T.

Quelques cabanes de pêcheurs sur une dune, au bord du bassin d'Arcachon.
Acheté par la Ville en 1830. — Signé.

GALARD (Georges de), *fils du précédent, né à Bordeaux, mort dans la même ville en 1854.*

468. *Étude d'après un ramoneur.*
H. 0,93. — L. 0,73. — T. — Fig. à mi-corps de gr. nat.
Acheté par la Ville en 1830. — Signé.

469. *Portrait de Joseph Desforges.*
H. 2,50. — L. 1,48. — T. — Fig. en pied de gr. nat.
Provient du Grand-Théâtre de Bordeaux. — Signé et daté.

GAMELIN (Jacques), *né à Carcassonne le 5 octobre 1739, mort à Narbonne en 1803.*

470. *Socrate buvant la ciguë.*
H. 0,53. — L. 0,62. — T. — Fig. de 0,22.

Le philosophe est dans sa prison, assis sur son lit, entouré de sa famille et de ses disciples en pleurs; il reçoit la coupe empoisonnée qui doit terminer sa vie.
Collection Lacaze. 1829. — Signé et daté.

471. *Départ d'Abradate pour le combat.*
H. 0,37. — L. 0,57. — T. — Fig. de 0,13.

Abradate va monter sur son char; il se retourne pour adresser un dernier adieu à Panthée, son épouse, qui lui tend les bras. Un écuyer contient les chevaux impatients de partir.
Collection Lacaze. 1829. — Signé et daté.

472. *Mort d'Abradate.*
H. 0,37. — L. 0,57. — T. — Fig. de 0,13.

Abradate a été tué dans un combat. Panthée, suivie de ses femmes, arrive sur le champ de bataille au moment où des soldats emportent le corps de son mari.
Collection Lacaze. 1829. — Signé et daté.

GASSIES (J.-B.) — *Voir le n° 475.*

GELLÉE ou **GILLÉE** (Claude), *dit* Le Lorrain, *peintre et graveur, né en 1600 au château de Chamagne (sur les bords de la Moselle, dans le diocèse de Toul), mort à Rome le 21 novembre 1682.*

473. *Paysage.*

H. 0,65. — L. 0,92. — T. — Fig. de 0,10.

A côté des ruines d'un temple et au pied d'un groupe d'arbres qui se détachent vigoureusement sur le ciel, une jeune femme, debout et filant, cause avec un berger assis sur un fragment de colonne, tandis que des vaches paissent un peu plus loin. A droite, au second plan, un bois traversé par une petite rivière; à l'horizon, une chaîne de montagnes.

Collection Lacaze. 1829.

GELLÉE (*École de* Claude).

474. *Paysage.*

H. 0,72. — L. 0,98. — T. — Fig. de 0,10.

Au premier plan, à gauche, les ruines d'un temple, près desquelles on voit un homme occupé à boire et une femme qui tient son enfant dans ses bras. A droite, un groupe d'arbres et une petite rivière, traversée par un pont, au bord de laquelle paissent quelques vaches. Au second plan, des fabriques entourées d'arbres; à l'horizon, des montagnes.

Collection Lacaze. 1829.

Antérieurement attribué à Lucatelli, ce paysage est signé des deux initiales C. G. et porte la date 1637. Ces initiales et le caractère de certaines parties de la composition éveillent l'idée de Claude Gellée, dit Le Lorrain; mais l'exécution de cette peinture ne permet pas de la regarder comme étant l'œuvre de ce maître.

GÉRARD (*D'après le baron* François), *né à Rome le 4 mai 1770, mort à Paris le 11 janvier 1857.*

475. *Portrait de Louis XVIII.*

H. 2,48. — L. 1,85. — T. — Fig. de gr. nat.

Commandé en 1819 pour le Palais de Justice de Bordeaux; donné au Musée en 1848.

Cette copie a été exécutée par J.-B. Gassies, né à Bordeaux le 25 octobre 1785, mort à Paris en octobre 1832.

GÉRARD (Marguerite), *née à Grasse en 1761, élève de Fragonard.*

476. *Portraits en pied de Mme Tallien et de Mme Récamier.*

H. 0,54. — L. 0,45. — T. — Fig. de 0,40.

Deux jeunes femmes sont assises sur un canapé. L'une d'elles, vêtue d'une robe de satin blanc, se penche vers sa compagne qui est habillée d'une robe grise et tient une lettre dont elle paraît faire la lecture.

Acheté par la Ville en 1858. — Provient du cabinet de M. Monsaud. Signé.

Ce tableau a été, dit-on, peint en collaboration avec Boilly. — Nous avons conservé le titre sous lequel il était précédemment inscrit; mais rien n'indique, on l'a fait observer avec raison, que les personnes représentées soient Mme Tallien et Mme Récamier. Il est vraisemblable que cette supposition n'est pas fondée.

GÉRICAULT (*D'après* Jean-Louis-André-Théodore), *né à Rouen le 26 septembre 1791, mort à Paris le 18 janvier 1824.*

477. *Le Radeau de la Méduse.*

H. 1,70. — L. 2,40. — T. — Fig. de 0,58.

« La frégate *la Méduse*, accompagnée de trois autres bâtiments : la corvette *l'Echo*, la flûte *la Loire* et le brick *l'Argus*, quitta la France le 17 juin 1816, portant à Saint-Louis (Sénégal) le gouverneur et les principaux employés de cette colonie. Il y avait à bord environ quatre cents hommes, marins ou passagers. Le 2 juillet, la frégate tombait sur le banc d'Arguin, et après cinq jours d'inutiles efforts pour remettre le navire à flot, un radeau fut construit, et cent quarante-neuf victimes y furent entassées, tandis que tout le reste se précipitait dans les canots. Bientôt les canots coupèrent les amarres, et le radeau qu'ils devaient traîner à la remorque resta seul au milieu de l'immensité des mers. Alors la faim, la soif, le désespoir armèrent ces hommes les uns contre les autres. Enfin, le douzième jour de ce supplice surhumain, *l'Argus* recueillit quinze mourants. » (*Extrait de la relation de M. Corréard.*) — M. Corréard, le bras étendu, indique au chirurgien Savigny, debout, adossé au mât, et aux matelots placés près de lui, le brick *l'Argus*, qui paraît à l'horizon. Un matelot et un nègre, montés sur un tonneau à l'extrémité du radeau, agitent leurs mouchoirs en signe de détresse, tandis que leurs compagnons, parmi lesquels se trouve l'aspirant de marine Coudin, se traînent vers eux. A gauche, un vieillard tient sur ses genoux son fils expirant. Derrière lui, un passager, dans un accès de désespoir, s'arrache les cheveux. Sur le devant du radeau, plusieurs cadavres. — *(Extrait de la notice du Musée du Louvre.)*

<small>Cette copie a été exécutée et donnée au Musée en 1854 par M. Ed. Jabiot, ancien élève de l'école de Bordeaux, alors pensionnaire de la Ville à Paris.</small>

GERNON (ÉDOUARD DE), *né à Tours en 1811, mort à Bordeaux le 15 décembre 1878.*

478. *Paysage avec figures.*

<small>H. 0,66. — L. 1,11. — T. — Fig. de 0,16.</small>

Au centre de la composition, une vache noire et blanche suit une femme qui se dispose à ouvrir une barrière pour entrer dans un enclos, où l'on voit, à côté d'un jardin, des maisons couvertes de chaume et entourées d'arbres. A droite, quelques poules, une prairie et, plus loin, la lisière d'un bois.

<small>Legs de M. Duffour-Dubergier en 1861. — Signé.</small>

GÉROME (JEAN-LÉON), *né à Vesoul.*

479. *Bacchus et l'Amour ivres.*

<small>H. 1,49. — L. 1,13. — T. de forme ovale. — Fig. en pied de gr. nat.</small>

Bacchus et l'Amour sont représentés sous les traits de deux enfants qui se promènent bras dessus bras dessous dans la campagne. Bacchus est brun; une peau de léopard couvre à demi ses épaules; son corps est entouré d'une ceinture de pampres; il tient l'amphore et la coupe qui ont servi à ses libations, et s'appuie en titubant sur le bras de l'Amour, dont la blonde chevelure est ornée de myrte. Ce dernier, muni de son arc et de ses flèches, montre à Bacchus, avec un sourire, un groupe de jeunes filles qui dansent au pied d'une statue représentant une divinité champêtre.

<small>Donné par l'État en 1852. — Avait figuré à l'exposition de la Société des Amis des arts de Bordeaux la même année.</small>

GIBERT (ANTOINE-PLACIDE), *né à Bordeaux le 6 octobre 1806, mort dans la même ville le 16 décembre 1875.*

ÉCOLE FRANÇAISE.

480. *Chef de clan écossais.*
H. 0,73. — L. 0,60. — T. — Fig. de 0,60.

Il est représenté debout et sonnant du cor. Fond de paysage.

Acheté par la Ville en 1830. — Signé d'un monogramme et daté.

481. *Ribera exposant ses tableaux sur la place publique.*
H. 1,24. — L. 1,74. — T. — Fig. de 0,43.

Ribera, la tête découverte, est à côté de son tableau qu'il a fait attacher à une fontaine monumentale. Un cardinal et un évêque, suivis de quelques moines, paraissent l'admirer. Autour d'eux se pressent les élèves ou les rivaux du peintre, des enfants, des femmes et des mendiants. Dans le fond, on distingue le Vésuve et le golfe de Naples. A droite s'élève un monument de forme circulaire, sur la terrasse duquel on voit plusieurs personnages.

Acheté par la Ville en 1872. — Signé et daté.

482. *Thésée reconnu par son père dans un festin, au moment où il allait boire le poison préparé par Médée.*
H. 1,14. — L. 1,46. — T. — Fig. de 0,77.

Thésée est représenté debout devant la table du festin, tenant d'une main un poignard et de l'autre la coupe empoisonnée. Son père, assis près de lui, le reconnaît et étend les bras pour l'arrêter au moment où il va boire le breuvage qui lui a été présenté. Autour d'eux, les convives regardent la scène avec étonnement et indignation. A droite, la magicienne, les yeux pleins de colère, se retire entraînée par sa suivante, tandis qu'un esclave, ignorant ce qui se passe, apporte un plat contenant une tête de sanglier.

Acheté par la Ville en 1875.

Ce tableau a obtenu le second grand prix de Rome au concours de 1832.

GIGOUX (Jean-François), *peintre et dessinateur, né à Besançon.*

483. *Baptême de Clovis.*
H. 4,60. — L. 2,81. — T. cintrée. — Fig. de gr. nat.

Entouré des principaux chefs de son armée, revêtu de son armure et portant le manteau royal, Clovis s'appuie sur sa longue épée et incline la tête, tandis que l'évêque saint Remi le baptise en lui adressant ces paroles : « Courbe-toi, fier Sicambre, adore ce que tu as brisé et brise ce que tu as adoré. » Sa femme, sainte Clotilde, est près de lui. Dans le fond, des moines et des guerriers portant une croix, des cierges, des piques et des étendards. Tout à gauche, à côté d'un chef de l'armée des Francks, une idole brisée.

Donné par l'État en 1848. — Signé.

484. Cléopâtre après la bataille d'Actium.

H. 3,87. — L. 6,50. — T. — Fig. plus gr. que nat.

Cléopâtre occupe le centre de la composition; assise au milieu d'un festin, paresseusement appuyée sur Antoine, elle considère d'un œil impassible l'effet produit par ses poisons sur deux esclaves africains qui se tordent à ses pieds dans les douleurs de l'agonie. Les convives rangés autour d'eux témoignent par leur attitude les divers sentiments que cette scène leur inspire. A gauche, sous le portique d'un palais, un chef gaulois et deux Romains contemplent avec douleur le spectacle dont ils sont témoins. Devant eux est accroupi l'exécuteur des volontés de Cléopâtre; autour de sa main, protégée par un linge, est enroulé un serpent; à côté de lui, un poignard et un vase contenant du poison. A droite, tandis qu'on emporte un cadavre, deux jeunes femmes, dont l'une est Égyptienne, attendent que leur tour de mourir soit venu. Au second plan, des serviteurs portant les mets préparés pour le festin, la foule des convives et des curieux, et, dans le fond, la ville d'Alexandrie.

Donné par l'État en 1855.

GINTRAC (JEAN-LOUIS), *peintre et dessinateur, né à Bordeaux.*

485. Un Chasseur à l'affût.

Au premier plan, à côté d'un groupe d'arbres, un chasseur, à demi agenouillé, son fusil à la main. Un peu plus loin, une bergère assise sur un monticule et gardant quelques moutons. A droite, une vieille église au bord d'un ruisseau.

Acheté par la Ville en 1830. — Signé.

486. *Habitants des landes.*

H. 0,32. — L. 0,46. — T. — Fig. de 0,09.

Montés sur leurs échasses, ils sont réunis au bord d'une mare, près d'une cabane dans laquelle il y a des chèvres.

Acheté par la Ville en 1850. — Signé.

487. *Moines en quête.*

H. 0,33. — L. 0,41. — T. — Fig. de 0,14.

Trois religieux causent ensemble à l'entrée d'une grotte. Autour d'eux, des montagnes.

Acheté par la Ville en 1850. — Signé et daté.

GIRAULT (ALCIDE), *né à Bordeaux. (Voir le n° 597.)*

GONZALÈS, *peintre et décorateur, né à Bordeaux, mort dans la même ville en 1805.*

488. *Ruines d'une Cathédrale gothique.*

H. 0,44. — L. 0,67. — Gouache sur parchemin.

Donné par M. Lacour en 1854. — Signé et daté.

GORIN (STANISLAS), *né à Bordeaux.*

489. *Embarquement d'Abd-el-Kader à Bordeaux.*

H. 1,20. — L. 1,71. — T. — Fig. de 0,19.

Abd-el-Kader, accompagné de sa suite, est arrivé devant le navire qui doit le conduire à Nantes. On voit près de lui Mgr Donnet, archevêque de Bordeaux; Mgr Dupuch, évêque d'Alger, et deux officiers de marine. Autour du navire, des barques chargées de matelots et de curieux; à gauche, les maisons du quai; dans le fond, à droite, les bâtiments du port.

Acheté par la Ville en 1850. — Signé et daté.

GOUPIL (LUCIEN-LÉON), *né à Paris.*

490. *Luther à Wartburg.*

H. 0,72. — L. 0,92. — T. — Fig. de 0,37.

Assis devant une table, la plume à la main, Luther adresse la parole à deux femmes placées en face de lui. L'une d'elles, la plus âgée, est assise et tricote; l'autre, debout et appuyée sur le fauteuil de sa compagne, écoute ce que dit le réformateur. Fond d'appartement.

Donné par l'État en 1872. — Signé et daté.

GRANGER (JEAN-PÉRIN), *né en 1779, mort à Paris en 1840.*

491. *Ganymède.*

H. 1,75. — L. 1,10. — T. — Fig. en pied de gr. nat.

Il est représenté debout, appuyé sur un nuage; un vêtement rouge flotte derrière ses épaules; de la main droite il tient une amphore et de l'autre une coupe qu'il présente à Jupiter transformé en aigle.

Donné par l'État en 1816. — Signé d'un monogramme.

GRIMOU, GRIMOUX *ou* GRIMOUD (ALEXIS), *né à Romont (dans le canton de Fribourg, en Suisse) vers 1680, mort à Paris vers 1740.*

492. *Un Jeune Pèlerin.*

H. 0,92. — L. 0,72. — T. — Fig. à mi-corps de gr. nat.

Jeune homme vu de dos, la tête tournée du côté du spectateur. Il porte un justaucorps brun roux, avec une collerette plissée autour du cou et une gourde attachée à la ceinture; il s'appuie du bras droit sur un long bâton; la main gauche, placée derrière le dos, tient un chapeau.

Donné par M. Doucet en 1805. — Signé et daté.

493. *Une Joueuse de mandoline.*

H. 0,91. — L. 0,73. — T. — Fig. à mi-corps de gr. nat.

Jeune femme tenant une mandoline. Le corps est de profil, la tête tournée du côté du spectateur; elle est coiffée d'une toque en velours groseille garnie de plumes et vêtue d'une robe verte ornée de nœuds de rubans placés sur l'épaule. Autour de la taille est jetée une draperie rouge.

Donné par M. Doucet en 1805. — Provient du cabinet du prince de Conti. Signé et daté.

494. *Un Capucin.*

H. 0,91. — L. 0,73. — T. — Fig. à mi-corps de gr. nat.

Il est vu de face et tient un livre à la main. Dans le fond, à droite, la porte d'une cellule.

Donné par M. Doucet en 1805. — Signé et daté.

GROS (Antoine-Jean, baron), *né à Paris le 16 mars 1771, mort le 26 juin 1835.*

495. *Embarquement de M{ᵐᵉ} la duchesse d'Angoulême à Pauillac.*

H. 3,26. — L. 5,04. — T. — Fig. en pied de gr. nat.

Au moment d'entrer dans l'embarcation qui doit la séparer de la France, la princesse se retourne pour adresser ses derniers adieux aux volontaires qui l'ont accompagnée et aux personnes qui se pressent autour d'elle pour lui exprimer leurs regrets. Elle est debout, au centre de la composition, vêtue d'une longue robe gris perle. Après avoir distribué à la foule qui l'entoure ses rubans et les objets dont elle a pu disposer, n'ayant plus rien à donner, elle saisit les plumes de son chapeau et les laisse en souvenir à ses partisans. — Derrière la duchesse d'Angoulême, on voit les duchesses de Sérent et de Damas et la vicomtesse d'Agoult, qui doivent l'accompagner; à gauche, les vicomtes de Montmorency et d'Agoult, qui protestent de leur dévouement.

Donné par l'État en 1820. — Signé.

GUDIN (Théodore), *né à Paris.*

496. *Marine. — Dévouement du capitaine Desse.*

H. 2,54. — L. 3,60. — T. — Fig. de 0,12.

« Le brick *la Julia,* capitaine Desse, du port de Bordeaux, se rendant à Bourbon, rencontra le 13 juillet 1822 le navire hollandais *le Colombus*, expédié de Batavia pour Amsterdam, ayant à bord un corps de troupes et un équipage nombreux. Ce navire avait été assailli sur le banc des Aiguilles par une violente tempête qui lui avait enlevé son grand mât, l'artimon, le beaupré, brisé son gouvernail et sa pompe. Ainsi désemparé, entr'ouvert, il roulait au milieu d'une mer furieuse, et l'équipage n'attendait plus que la mort, lorsqu'une voile parut à l'horizon, se dirigeant de son côté. La vue du pavillon français lui rendit l'espérance. Cependant le danger était à son comble : des montagnes d'eau déferlaient entre le brick et *le Colombus* et menaçaient à tout instant d'engloutir victimes et libérateurs. Les plus intrépides, effrayés de voir disparaître à plusieurs reprises le brick sous le poids des lames qui se précipitaient sur lui, et craignant que, forcé de pourvoir enfin à sa propre conservation, il ne s'éloignât d'eux, faisaient retentir l'air des plus ardentes supplications, lorsque du sein du brick sur lequel s'abattait alors un terrible coup de mer partit ce cri généreux: *Je ne vous abandonnerai pas!* et ce cri fut répété avec la même énergie toutes les fois que le danger paraissait redoubler. Ce ne fut qu'après cinq jours passés dans cette alternative d'espérance et de crainte que l'équipage du *Colombus* apprit que le brick était *la Julia*, que son capitaine se nommait Pierre Desse, et que ce brave marin put recueillir à son bord quatre-vingt-douze personnes destinées à périr. » — *(Extrait du rapport de MM. J. Grévelink, capitaine du* Colombus, *et M. Gerlings, lieutenant, commandant le détachement.)*

Donné par l'État en 1832. — Signé et daté.

GUÉ (Julien-Michel), *peintre et dessinateur, né au Cap (île Saint-Domingue) le 12 juillet 1789, mort à Paris le 13 décembre 1843.*

497. *Mort de Patrocle.*

H. 1,14. — L. 1,45. — T. — Fig. de 0,80.

Le corps de Patrocle, tué par Hector, a été rapporté dans la tente d'Achille. Pendant que les guerriers et les femmes expriment diversement leur douleur, le fils de Pélée, enflammé de colère, serrant d'une main la main de son ami, presse de l'autre son épée sur sa poitrine et jure de venger Patrocle.

Acheté par la Ville en 1846.

Ce tableau a obtenu le second grand prix de Rome en 1814.

GUÉ (Julien) *et* **GUÉ** (Jean-Marie-Oscar), *né à Bordeaux le 28 septembre 1809, mort dans la même ville le 2 octobre 1877.*

498. *Jésus devant Caïphe.*

H. 1,67. — L. 1,50. — T. — Fig. de 0,32.

Au centre du tableau, le Christ, les mains liées, est amené en présence de Caïphe par des soldats et des hommes armés, qui l'insultent et qui le frappent. A droite et à gauche sont les anciens du peuple et les princes des prêtres. Dans le fond, la foule qui est restée à l'entrée du prétoire.

Donné par l'État en 1872. — Signé.

ÉCOLE FRANÇAISE.

Ce tableau représente un des huit sujets commandés à Julien Gué pour la décoration de la chapelle de Dreux, où ils devaient être reproduits en vitraux. Il était à peine tracé sur la toile, quand le peintre fut surpris par la mort. Le ministre des beaux-arts confia le soin de terminer cette composition à Oscar Gué, neveu et élève de Julien Gué.

GUÉRIN (PIERRE-NARCISSE, baron), *né à Paris le 13 mars 1774, mort à Rome le 16 juillet 1833.*

499. Phèdre et Hippolyte.

« A droite, et assise sur le même siège que Thésée, Phèdre, vue de face, pâle, les yeux fixes, tenant sur ses genoux le glaive qu'elle a arraché à Hippolyte, écoute Œnone qui lui conseille de persister dans son accusation contre le jeune prince. Thésée, tourné de profil, regarde Hippolyte avec colère. Celui-ci, debout, les yeux baissés, le bras gauche étendu, repousse l'accusation calomnieuse de sa belle-mère; il tient un arc de la main droite, et deux chiens sont à ses pieds. » — *(Extrait de la Notice du Musée du Louvre.)*

500. Enée racontant à Didon les malheurs de la ville de Troie.

H. 1,31. — L. 1,76. — T. — Fig. de 0,87.

« Didon, couchée sur un lit de repos, écoute avec intérêt le récit qu'Enée, assis à gauche en face d'elle, lui fait de la guerre de Troie. L'Amour, sous les traits d'Ascagne, tenant un des bras de la reine, lui ôte son manteau nuptial. A droite, appuyée derrière le lit, Anne, sœur de Didon, regarde le faux Ascagne. De la terrasse où les personnages sont placés, on découvre la mer, le promontoire et la ville naissante. En avant du corps de la terrasse s'élève un temple de Neptune, où l'on voit la statue de ce dieu. » — *(Extrait de la Notice du Musée du Louvre.)*

501. Andromaque et Pyrrhus.

H. 1,31. — L. 1,76. — T. — Fig. de 0,98.

« A droite, Oreste debout, vu de profil, vient au nom des Grecs demander Astyanax. Pyrrhus, assis, étend la main et son sceptre sur l'enfant qu'Andromaque, agenouillée et en pleurs, met sous sa protection. A gauche, Hermione, jalouse du pouvoir de sa rivale, s'éloigne avec colère. » — *(Extrait de la Notice du Musée du Louvre.)*

Les trois tableaux précédents, répétitions des originaux qui sont au Louvre, sont signés par GUÉRIN, qui les avait faits pour M. Johnston, père de M. David Johnston, ancien maire de Bordeaux. Ils ont été achetés, l'un (*Phèdre et Hippolyte*) à la vente du cabinet de ce dernier vers 1858, les deux autres en 1868.

GUILLAUME (DIDIER), *né au Mans.*

502. *Figure allégorique de la République française.*

H. 2,60. — L. 2,11. — T. — Fig. en pied de gr. nat. — Signé.

Le Conseil municipal, en 1848, ayant mis au concours, entre les artistes fixés à Bordeaux, une figure destinée à personnifier la République, la composition de M. D. GUILLAUME obtint le prix.

GUILLON. — *Voir* LETHIÈRE.

HARPIGNIES (HENRI), *né à Valenciennes (Nord).*

503. *Le Vésuve.*

H. 0,89. — L. 1,29. — T. — Fig. de 0,09.

Le premier plan est occupé par un terrain accidenté et ombragé d'arbres. Un jeune garçon est assis au bord d'un chemin, dans lequel passent deux femmes portant chacune un panier sur la tête. Au second plan, un groupe de maisons, avec des terrasses où l'on voit quelques personnages. Plus loin, la surface azurée du golfe de Naples et, dans le fond, le Vésuve.

Donné par l'État en 1866. — Signé et daté.

HAUTE (JEAN-BAPTISTE), *peintre et musicien, né à Bordeaux.*

504. *Nature morte.*

H. 1,38. — L. 1,02. — T.

Divers ustensiles de chasse groupés et suspendus dans une niche en pierre, avec un lièvre, une bécasse, un canard et une perdrix.

Acheté par la Ville en 1851. — Signé.

HEIM (FRANÇOIS-JOSEPH), *né à Belfort le 15 janvier 1787, mort à Paris le 30 septembre 1865.*

505. *Arrivée de Jacob en Mésopotamie.*

H. 2,60. — L. 3,00. — T. — Fig. en pied de gr. nat.

Jacob, portant sur l'épaule son bâton de voyageur et

son léger bagage, arrive au milieu d'un champ, près duquel passe une jeune fille conduisant son troupeau. S'adressant à des pasteurs qui se reposent à l'ombre de grands arbres, il leur demande si celle qui s'avance est bien la fille de Laban.

Donné par l'État en 1816.

HÉMET (Adolphe), né à Paris.

506. *Convoi français cerné par des Cosaques. — Épisode de la retraite de Russie.*

H. 1,35. — L. 1,80. — T. — Fig. de 0,30.

Donné par l'auteur en 1878. — Signé et daté.

HUET (Paul), *peintre et graveur, né à Paris en 1804, mort dans la même ville le 9 janvier 1869.*

507. *Vue des falaises de Houlgatt, entre Dives et Trouville.*

H. 1,54. — L. 2,30. — T. — Fig. de 0,30.

A gauche, la mer soulevée par la tempête; à droite, sous un ciel sombre, des falaises à pic qui s'allongent jusqu'à l'horizon et se perdent dans la brume. Au premier plan, deux hommes emportent le corps d'un naufragé; un chien pousse des hurlements; un peu plus loin, à côté d'une charrette, quelques personnes paraissent attendre, tandis que d'autres s'élancent au milieu des lames pour arracher à la mer ceux qu'elle vient d'engloutir.

Donné par l'État en 1863. — Signé.

ISABEY (Louis-Gabriel-Eugène), né à Paris.

508. *Incendie du steamer l'Austria, le 13 septembre 1858.*

H. 2,42. — L. 4,30. — T. — Fig. de 0,18.

Le navire est en feu, le ciel obscurci par la fumée qui se dégage de l'incendie. Les passagers affolés se précipitent et s'entassent sur le gaillard d'arrière, s'accrochent désespérément aux cordages, s'élancent dans les flots, ou périssent en voulant chercher un refuge dans les embarcations.

Donné par l'État en 1859. — Signé et daté.

JABIOT (Jacques-Édouard), né à Bordeaux. — *Voir le n° 477.*

JOLIVARD (André), *né au Mans le 15 septembre 1787, mort à Paris le 8 décembre 1851.*

509. *Paysage.*

H. 0,89. — L. 1,17. — T. — Fig. de 0,06.

Une mare ombragée d'arbres occupe le premier plan. A côté passe un chemin, sur lequel on voit un homme conduisant des chevaux et une femme arrêtée près d'un buisson. Çà et là quelques vaches.

Donné par l'État en 1836. — Signé.

JOUY (Joseph-Nicolas), *né à Paris.*

510. *Supplice d'Urbain Grandier.*

H. 4,70. — L. 6,00. — T. — Fig. plus gr. que nat.

Devant le portail d'une église, en haut d'un escalier, d'où la foule est écartée par des soldats et que dominent des torches et des croix portées par les membres de diverses confréries, Urbain Grandier, en chemise, un cierge à la main, la corde au cou, le corps brisé par la torture qu'il vient d'endurer, est forcé de s'agenouiller pour faire amende honorable du crime de sorcellerie, dont il est accusé. Devant lui, un juge lit la sentence qui le condamne à être brûlé vif; un moine lui montre le ciel; dans un groupe de soldats armés de piques, un religieux masqué présente des papiers sur lesquels ces mots sont écrits : *Œuvres d'Urbain Grandier.* Au premier plan se presse la foule des curieux, au milieu desquels on remarque à droite une femme tenant une petite fille qui est effrayée de la scène lugubre dont elle est témoin.

Donné par l'État en 1839. — Signé et daté.

LACOUR (Pierre), *peintre, graveur et littérateur, né à Bordeaux le 15 avril 1745, mort dans la même ville le 28 janvier 1814.*

511. *Loth sortant de Sodome.*

H. 0,82. — L. 0,95. — T. — Fig. de 0,50.

Le patriarche, soutenu par deux anges et suivi de sa femme et de ses filles, abandonne la ville que le feu du ciel doit consumer.

Acheté par la Ville en 1846. — Signé.

512. Le Bon Samaritain.

H. 1,27. — L. 1,75. — T. — Fig. de 0,31.

Au premier plan d'un paysage que traverse une rivière et où l'on remarque, de distance en distance, des palais et des maisons de campagne situées sur des hauteurs, le bon Samaritain, descendu de cheval, verse du baume sur les plaies du blessé que le pharisien avait dédaigné de secourir. On aperçoit à droite ce dernier qui continue sa route. A l'horizon, des montagnes.

Acquis par échange en 1840. — Signé et daté.

513. Saint Paulin, évêque de Nole.

H. 3,25. — L. 2,28. — T. — Fig. en pied de gr. nat.

Le Saint est représenté debout sur les marches d'une église, accueillant les habitants de la ville qui fuient devant les Goths d'Alaric, et viennent lui demander sa protection.

Donné au Musée en 1814 par les héritiers de M. Lacour. — Signé et daté.

514. L'Avare endormi sur son trésor.

H. 0,25. — L. 0,31. — B. — Fig. à mi-corps de 0,22.

Un vieillard s'est endormi sur sa cassette, après en avoir contemplé le contenu. Des pièces d'or sont encore éparpillées sur la table. Sa femme s'approche avec précaution, étend la main vers le trésor et fait signe au chien qui veille de ne pas bouger.

Acheté par la Ville en 1847. — Signé et daté.

515. Un Mendiant et sa fille.

H. 0,25. — L. 0,31. — B. — Fig. presque à mi-corps de 0,20.

Buste d'un vieillard à moitié nu et appuyé sur un parapet. Derrière lui, une jeune fille tend la main et demande la charité.

Acheté par la Ville en 1847. — Signé et daté.

516. Portrait de M. F. L. Doucet.

H. 0,60. — L. 0,49. — T. de forme ovale. Buste de gr. nat.

L'inscription suivante est tracée sur le cadre de ce portrait: *A François-Lucie Doucet, ami des arts, l'école de dessin de la ville de Bordeaux reconnaissante.*

Donné à la Ville par les héritiers de M. Lacour en 1814. — Signé et daté.

517. *Portrait de Louis-Guy Combes, architecte.*

H. 0,55. — L. 0,46. — T. — Buste de gr. nat.

Il est représenté presque de face, les épaules enveloppées d'un manteau bleu.

Peint en 1810; donné à la Ville par M. Lacour fils en 1854.

518. *Portrait de la famille de l'auteur.*

H. 0,40. — L. 0,32. — B. — Fig. de 0,31.

Le peintre est assis, préparant sa palette, à côté de sa boîte à couleurs et d'un chevalet, sur lequel est une toile représentant plusieurs personnes de sa famille.

Donné à la Ville par M. Lacour fils en 1854. — Signé d'un monogramme.

519. *Vue d'une partie du port et des quais de Bordeaux, dits des Chartrons et de Bacalan.*

H. 2,07. — L. 3,40. — T. — Fig. de 0,24.

A droite, le fleuve avec un grand nombre de navires et d'embarcations; à gauche, les maisons du quai; dans le fond, les coteaux de Lormont. — Parmi les figures qui animent les premiers plans, quelques-unes sont des portraits de personnages connus: Pierre Lacour, l'auteur du tableau, un calepin à la main et dessinant; près de lui, sa fille, devenue Mme Lartigue; tout à fait devant, appuyé sur une barrière, Lacour, son fils, graveur; derrière celui-ci, Antoine Lacour, frère de Pierre; au second plan, M. Ferrière, négociant, coiffé d'un chapeau à cornes et portant une rose à la boutonnière.

Acheté par la Ville en 1872. — Signé et daté.

520. *La Visitation.*

H. 4,86. — L. 2,55. — T. cintrée. — Fig. plus gr. que nat.

Sainte Élisabeth est debout sur le seuil de sa demeure, en face de la Vierge qui est venue la visiter. Toutes deux ont les yeux levés vers le ciel, qui s'est entr'ouvert, et duquel est descendu un ange tenant d'une main une couronne composée de douze étoiles et de l'autre un enfant qui laisse tomber des roses. A gauche de la composition, Zaccharie, les mains jointes, a les regards tournés vers la Vierge; à droite et dans l'ombre, saint Joseph attache sa monture à un anneau fixé dans la muraille.

Donné par la Fabrique de l'église Saint-Louis en 1870. — Signé et daté.

ÉCOLE FRANÇAISE.

520 bis. *Portrait d'un Acteur.*

H. 1,48. — L. 1,58. — T. — Fig. en pied de gr. nat.

Provient du Grand-Théâtre de Bordeaux. — Signé et daté.

521. *Deux Planches de cuivre représentant les bas-reliefs d'un sarcophage antique.*

H. 0,76. — L. 0,70. — Fig. de 0,14.

522. *Deux Planches de cuivre représentant les bas-reliefs d'un sarcophage antique.*

H. 0,76. — L. 0,70. — Fig. de 0,14.

LACOUR (ANTOINE), *né à Bordeaux en 1748, mort dans la même ville en 1837.*

523. *Portrait de Mlle Briant, sœur de l'artiste de ce nom.*

H. 0,19. — L. 0,15. — B. — Buste de 0,16.

Donné par M. Lacour fils en 1854.

LACROIX (DE), *élève de Joseph Vernet. XVIIIe siècle.*

524. *Marine.*

H. 0,42. — L. 0,59. — T. — Fig. de 0,09.

Au centre de la composition, deux femmes assises à côté d'un enfant. Derrière elles, un homme debout, portant un manteau rouge, tient de la main gauche une pipe allumée et de l'autre une perche au bout de laquelle est un filet. A droite et à gauche, d'autres personnages à moitié cachés par des rochers. Sur la mer, qui occupe la moitié du tableau, un grand navire et plusieurs canots. Dans le fond, au delà d'un arc de triomphe en ruines, une tour et des falaises élevées.

Legs de M. Oldekop en 1858. — Signé et daté.

525. *Marine.*

H. 0,56. — L. 0,67. — T. — Fig. de 0,03.

Près d'un rocher en forme d'arche, qui s'élève au bord de la mer, plusieurs personnages se reposent ou se livrent au plaisir de la danse. Dans le lointain, on aperçoit un phare et les maisons d'une ville baignés par les vapeurs du matin.

Legs de M. Oldekop en 1858. — Signé et daté.

LALANNE (Maxime), né à Bordeaux.

526. *Dessin au fusain.*
H. 0,56. — L. 1,00.

Vue prise au Jardin-Public, à Bordeaux.
Acheté par la Ville en 1866. — Signé.

527. *Dessin au fusain.*
H. 0,56. — L. 1,00.

Vue prise au Jardin-Public, à Bordeaux.
Acheté par la Ville en 1866. — Signé.

528. *Dessin au fusain.*
H. 0,60. — L. 0,48.

Vue prise à Plombières.
Donné par l'État en 1874. — Signé.

529. *Dessin au fusain.*
H. 0,40. — L. 0,61.

Vue de Lormont, prise du quai des Chartrons, à Bordeaux.
Acheté par la Ville à l'exposition de la Société des Amis des arts de Bordeaux en 1875. — Signé.

530. *Cent gravures à l'eau-forte.*

Paysages, marines et intérieurs.
Don de l'auteur en 1875.

LALLEMAND (Jean-Baptiste), né à Dijon vers 1710, mort dans la même ville en 1703.

531. *Paysage. — La Fuite en Égypte.*
H. 1,28. — L. 1,61. — T. — Fig. de 0,20.

A droite, des rochers et de grands arbres entourant un motif architectural. A leur pied, le bassin d'une fontaine et deux tombeaux, sur l'un desquels on voit une statue représentant la mort d'un guerrier. A gauche, la Vierge et l'Enfant Jésus montés sur un âne que conduit saint Joseph. A l'horizon, des montagnes escarpées au bord de la mer, un château-fort et des maisons.
Donné par l'État en 1811.

ÉCOLE FRANÇAISE.

LAMBERT (Pierre-Édouard), *né à Bordeaux en 1818.*

532. *Figure allégorique de la République.*

H. 2,29. — L. 1,35. — T. — Fig. plus gr. que nat.

Acheté par la Ville en 1848.

LANCRET (*École de* Nicolas), *né à Paris le 22 janvier 1690, mort dans la même ville le 14 septembre 1745.*

533. *Famille se reposant sous des arbres.*

H. 0,44. — L. 0,34. — T. — Fig. de 0,21.

A gauche, une jeune femme, debout, vêtue de satin jaune; à droite, une autre femme, assise, portant une robe rayée vert et rouge. Près d'elles une petite fille joue avec une poupée. Au second plan, un homme en habit mordoré et en culottes courtes est assis au pied d'un arbre et embrasse une petite fille qui tient une pomme dans sa main droite.

Legs de M. Oldekop en 1858.

LANSAC (François-Émile de), *né à Tulle.*

534. *Étude de cheval.*

H. 0,65. — L. 0,55. — T.

Étalon blanc, près duquel est un petit chien.

Legs de M. Duffour-Dubergier en 1861. — Signé.

535. *Étude de cheval.*

H. 0,65. — L. 0,55. — T.

Cheval carrossier bai brun, attaché à sa mangeoire. Derrière lui, un cheval gris.

Legs de M. Duffour-Dubergier en 1861. — Signé.

LAPITO (Louis-Auguste), *né à Saint-Maur (Seine) en 1805, mort à Boulogne-sur-Seine le 7 avril 1874.*

536. *Paysage.*

H. 0,82. — L. 1,00. — T. — Fig. de 0,10.

A droite, le versant d'un coteau ombragé d'arbres. Un homme et une femme sont arrêtés au bord d'une source. Le premier se baisse pour boire, tandis que sa compagne lui montre un filet d'eau qui jaillit du roc en face d'eux. A gauche, le soleil brille sur un terrain incliné, mettant çà et là de vives lumières. Au second plan, des fabriques entourées d'arbres; plus loin, un château sur des hauteurs abruptes, derrière lesquelles se dressent les sommets d'une chaîne de montagnes.

Donné par l'État en 1874. — Signé et daté.

LARIVIÈRE (Charles-Philippe de), *né à Paris*.

537. *Jésus au Jardin des Oliviers.*

H. 1,66. — L. 1,50. — T. cintrée. — Fig. de 0,80.

Le Christ, éclairé par la lueur d'une torche, est au centre du tableau. Trahi par Judas qui l'embrasse, il est entouré et saisi par les soldats juifs. A droite, au premier plan, un homme a terrassé son adversaire et s'apprête à le frapper de son poignard. La lune brille à travers les branches des oliviers. Dans le fond, à gauche, on aperçoit Jérusalem.

Donné par l'État en 1872.

Ce tableau a été exécuté d'après l'esquisse de Julien Gué.

LA TOUR (*École de* Maurice Quentin de), *né à Saint-Quentin en 1704, mort dans la même ville en 1788*.

538. *Portrait de femme au pastel. Costume Louis XV.*

H. 0,63. — L. 0,52. — Buste de gr. nat.

539. *Portrait de femme au pastel. Costume Louis XV.*

H. 0,63. — L. 0,53. — Buste de gr. nat.

540. *Portrait d'homme au pastel. Costume Louis XV.*

H. 0,63. — L. 0,52. — Buste de gr. nat.

541. *Portrait d'homme au pastel. Costume Louis XIII.*

H. 0,63. — L. 0,53. — Buste de gr. nat.

Ces quatre portraits ont été légués à la Ville en 1877 par Mlle Souilhagon de Bruet.

LAUGÉE (François-Désiré), *né à Maromme (Seine-Inférieure)*.

542. *La Récolte des œillettes en Picardie.*

H. 1,30. — L. 2,15. — T. — Fig. de 0,60.

Des femmes, des jeunes filles et des enfants mettent en gerbes les plantes qu'ils ont cueillies. A gauche, une petite fille joue avec un enfant. Plus loin, une charrette et quelques paysans. Dans le fond, à droite, un village sur le penchant d'une colline. Le site est voilé par les vapeurs du soir et fermé à l'horizon par des hauteurs, où s'élèvent de distance en distance des groupes d'arbres.

Donné par l'État en 1869. — Signé et daté.

LAURAS (Mme). — *Voir le n° 120.*

LE BRUN (Charles). — *Voir* Brun (Charles le).

LE BRUN (Mme Vigée). — *Voir* Brun (Mme Vigée le).

LE CLERC. — *Voir* Clerc (le).

LE MAIRE POUSSIN. — *Voir* Maire Poussin (le).

LE PRINCE. — *Voir* Prince (le).

LESGALLERY. — *Voir* Alban.

LE SUEUR. — *Voir* Sueur (le).

LETHIÈRE (Guillaume-Guillon), *né à Sainte-Anne (Guadeloupe) le 10 janvier 1760, mort à Paris le 21 avril 1832.*

543. *Louis IX visitant les pestiférés à Carthage.*

H. 4,06. — L. 3,05. — T. — Fig. en pied de gr. nat.

Saint Louis, debout au centre de la composition, prend la main et touche la poitrine d'un moribond, que soutient un serviteur africain les mains soigneusement enveloppées. Ses compagnons d'armes, qui l'entourent, paraissent étonnés et attristés de cet acte de courage. On voit à gauche un jeune soldat qui succombe vaincu par le mal et à droite un nègre étendu sans vie sur la terre.

Donné par l'État en 1822.

LOIR (*Attribué à* Marianne), *né à Paris.*

544. *Portrait de Mme du Châtelet.*

H. 1,00. — L. 0,80. — T. — Fig. jusqu'aux genoux de gr. nat.

Elle est représentée assise et de face, vêtue d'une robe de satin bleu; le bras gauche est appuyé sur une table où se trouvent des papiers, un collier de perles et des instruments d'astronomie. D'une main elle tient un compas, de l'autre une fleur.

Donné par l'État en 1803.

LONSING (François-Louis), *né à Anvers en 1757, mort à Léognan, près Bordeaux, le 11 avril 1799.*

545. *Portrait de l'auteur.*

H. 0,94. — L. 0,83. — T. — Fig. à mi-corps de gr. nat.

L'artiste s'est représenté en costume de travail : debout près de son chevalet, sur lequel est placée une toile où l'on voit l'esquisse d'un portrait de femme, tenant sa palette et ses pinceaux de la main gauche et son couteau à palette de la main droite, il se tourne en souriant comme pour écouter ou pour dire quelque chose.

Acheté par la Ville en 1848.

546. *Portrait du duc de Duras.*

H. 1,00. — L. 0,81. — T. — Fig. à mi-corps de gr. nat.

Vêtu d'une cuirasse et d'une tunique bleue brodée d'or, ce personnage est debout et vu de face; il a la main droite sur la hanche et la main gauche sur son bâton de maréchal. Derrière lui un jeune nègre tient son cheval de bataille.

Acheté par la Ville en 1843.

LOO (Charles-André, dit Carle van), *peintre et graveur, né à Nice le 15 février 1705, mort à Paris le 15 juillet 1765.*

547. *Auguste se fait prêter serment de fidélité par des princes barbares dans le temple de Mars le vengeur.*

H. 2,55. — L. 4,16. — T. — Fig. en pied de gr. nat.

Auguste, entouré de divers personnages, est assis sur un trône, au pied duquel un homme vêtu de rouge est à demi agenouillé. L'empereur étend la main vers les chefs barbares qui, accompagnés de leurs femmes, sont venus faire leur soumission.

Acheté par la Ville en 1835.

Cette toile est l'ébauche d'un tableau qui devait être exécuté pour la Chambre des Comptes d'Aix en Provence. On trouve à gauche l'inscription suivante : « Ce tableau est peint par M. Vanloo, professeur de l'Académie royale de Peinture, et était destiné pour la Chambre de Messieurs des

ÉCOLE FRANÇAISE.

Comptes; il mourut avant de l'avoir fini. » Une autre inscription placée à droite indique le sujet.

LORRAIN. — Voir GELLÉE.

LUMINAIS (ÉVARISTE-VITAL), *né à Nantes.*

548. *Éclaireurs gaulois.*
H: 0,81. — L. 1,00. — T. — Fig. de 0,68.

Deux soldats, l'un assis et interrogeant du regard l'horizon, l'autre appliquant l'oreille sur la terre, écoutent un bruit lointain.

Acheté par la Ville à l'exposition de la Société des Amis des arts de Bordeaux en 1875. — Signé.

MAIRE POUSSIN (Attribué à PIERRE LE), *peintre et graveur, né à Dammartin, près de Paris, en 1597, mort à Gaillon en 1659.*

549. *Intérieur d'un Temple, avec figures.*
H. 1,37. — L. 1,86. — T. — Fig. de 0,18.

L'architecture du monument est d'ordre dorique; des massifs composés de quatre colonnes supportent les voûtes. On y voit plusieurs personnages diversement occupés: les uns causent, se promènent ou prient; les autres paraissent admirer les proportions de l'édifice. Dans le fond, on distingue un palais, la mer et un navire.

Collection Lacaze. 1829.

MARANDON DE MONTYEL (BRUNO-ÉDOUARD-FERDINAND), *peintre et littérateur, né à Bordeaux en 1782, mort à Paris le 13 mars 1854.*

550. *Paysage.*
H. 1,15. — L. 1,82. — T. — Fig. de 0,09.

A gauche, un groupe d'arbres au pied d'une colline. Au centre, dans un chemin près duquel s'élève une sorte de monument votif, un homme conduit un troupeau de vaches. Au second plan, une plaine aride et rocheuse. A l'horizon, des montagnes.

Donné par l'État en 1839. — Signé et daté.

551. *Paysage*.
H. 0,98. — L. 1,30. — T.

Vue des Pyrénées. Parmi des rochers escarpés que domine un bloc énorme serpente une rivière sur laquelle on voit une barque montée par un homme et une femme.
Donné par l'auteur en 1858. — Signé et daté.

MARNE (Jean-Louis de), *peintre et graveur, né à Bruxelles en 1744, mort aux Batignolles, près de Paris, le 24 mars 1829.*

552. *Halte de Voyageurs*.
H. 0,30. — L. 0,40. — T. — Fig. de 0,10.

Une dame, montée sur un cheval blanc et accompagnée d'un cavalier, s'est arrêtée à la porte d'une hôtellerie, où sont réunis des hommes, des femmes et des enfants; elle adresse la parole à un homme assis sur une sorte de perron en briques. A sa droite, l'hôtelier, mettant la main à son bonnet, semble lui donner un renseignement. Dans le coin, à gauche, un enfant joue avec un cerceau.
Legs de M. Duffour-Dubergier en 1861.

MARTINEAU (Louis-Joseph-Philadelphe), *peintre et littérateur, né à Conches (Eure) en 1800, mort à Bordeaux le 9 mars 1868.*

553. *Intérieur d'un Couvent*. — *Copie d'après Bouton*.
H. 0,64. — L. 0,53. — T. — Fig. de 0,12.
Acheté par la Ville en 1830.

554. *Intérieur d'un Cabinet d'artiste*.
H. 0,89. — L. 1,16. — T. — Fig. de 0,24.
Acheté par la Ville en 1870. — Signé et daté.

MAUZAISSE (Jean-Baptiste), *né à Corbeil (Seine-et-Oise) en 1784, mort à Paris en 1862.*

555. *Baptême de Clorinde*.
H. 3,25. — L. 2,60. — T. — Fig. plus gr. que nat.

Tancrède, ayant détaché le casque du guerrier infidèle qu'il a terrassé, reconnaît Clorinde, son amante. Surmontant sa douleur, il se penche vers elle et s'apprête à lui donner le baptême qu'elle a demandé.

Donné par l'État en 1817. — Signé et daté.

MEDARD (Virg...).

556. *Fleurs.*

H. 0,63. — L. 0,53. — T.

Tulipes, roses, dahlias et liserons dans une corbeille.

Legs de M. Guitard en 1875.— Signé : Virg. Medard, élève de Vandael, 1840.

MENJAUD (Alexandre), *né à Paris en 1775, mort dans la même ville en 1852.*

557. *Madame la duchesse d'Angoulême au lit de mort de l'abbé Edgeworth.*

H. 0,76. — L. 0,58. — T. — Fig. de 0,37.

L'abbé Edgeworth est étendu sur son lit de mort; tandis qu'un ecclésiastique le soutient, la duchesse d'Angoulême lui présente un breuvage contenu dans une tasse.

Donné par l'État en 1817. — Signé et daté.

558. *Le duc d'Angoulême arme chevalier de Saint-Louis un officier français blessé à l'attaque du pont de la Drôme.*

H. 0,76. — L. 0,60. — T. — Fig. de 0,39.

L'officier blessé est étendu sur un lit de repos, les mains croisées sur la poitrine : un sapeur, placé derrière lui, le soulève avec précaution, tandis que le duc d'Angoulême le touche de son épée et prononce la formule sacramentelle.

Donné par l'État en 1819. — Signé et daté.

MEYNIER (D'après Charles), *né à Paris le 24 novembre 1768, mort dans la même ville le 7 septembre 1832.*

559. *Erato inspirée par l'Amour.*

H. 2,89. — L. 1,87. — T. — Fig. de gr. nat.

Erato, muse de la poésie lyrique, est assise sous un berceau de verdure, au bord d'une source qui reflète son image. L'Amour est près d'elle et lui inspire des vers qu'elle grave sur ses tablettes avec l'une des flèches du jeune dieu. Une écharpe légère que le vent soulève et que tient d'un côté la main de l'Amour flotte autour de sa tête. Une lyre et une corbeille de fleurs sont placées à côté d'elle sur le gazon.

Collection Lacaze. 1829.

Antérieurement attribuée à Meynier, cette peinture a tous les caractères d'une copie. On trouve d'ailleurs derrière la toile une inscription qu'on a cherché à effacer et où l'on distingue encore ces mots : *Copie par Mademoiselle...*

MIALHE (Pierre-Toussaint-Frédéric), *né à Bordeaux.*

560. *Vue prise à Sassenage.*

H. 0,29. — L. 0,37. — T.

Au premier plan, à gauche, un monticule couvert de végétation et animé par quelques figurines. Plus loin, un cours d'eau traversant un village.

Acheté par la Ville en 1830. — Signé et daté.

561. *Un Moulin à eau.*

H. 0,29. — L. 0,37. — T.

Un moulin près d'un sentier dans lequel on voit quelques figurines. Plus loin une rivière. A l'horizon, des montagnes.

Acheté par la Ville en 1830. — Signé et daté.

562. *Vue prise au sommet du Mont-Bretagne, près Marseille.*

H. 0,24. — L. 0,32. — T.

Un ravin avec un groupe d'arbres à droite. Dans le fond, une chaîne de montagnes et la mer.

Acheté par la Ville en 1830.

MIGNARD (Pierre), *né à Troyes dans le mois de novembre 1610, mort à Paris le 13 mai 1695.*

563. *Portrait de Louis XIV.*

H. 1,47. — L. 1,12. — T. — Fig. presque en pied pet. nat.

Il est représenté assis, en grand costume, la main droite appuyée sur l'un des bras de son trône, la main gauche sur sa couronne, placée à côté de lui sur un coussin de velours bleu.

Acheté par la Ville en 1823.

564. *Portrait d'un personnage inconnu.*

H. 1,32. — L. 1,22. — T. de forme ovale. — Fig. de gr. nat.

Vu à mi-corps, revêtu d'une cuirasse en acier poli et ceint d'une écharpe blanche, il tient de la main droite un bâton de maréchal.

Donné par l'État en 1803.

MILLET (JEAN-FRANCISQUE), *né à Paris en 1666, mort dans la même ville en 1723.*

565. *Paysage.*

H. 0,58. — L. 0,70. — T. — Fig. de 0,08.

Au bord d'un étang, près duquel on voit des murailles en ruines, une femme debout cause avec un homme assis à l'ombre d'un arbre.

Collection Lacaze. 1829. — Signé et daté.

MONFALLET (ADOLPHE-FRANÇOIS), *né à Bordeaux.*

566. *Entrée de la princesse Éléonore à Bordeaux.*

H. 1,30. — L. 1,95. — T. — Fig. de 0,65.

Au centre du tableau, la reine, accompagnée de ses dames d'honneur et de divers personnages, est descendue sur le débarcadère qui lui a été préparé; à gauche, les jurats et les échevins la complimentent et lui font présent d'un petit navire en or placé sur un coussin de velours.

Donné par l'auteur en 1849.

MONVOISIN (RAYMOND-AUGUSTE-QUINSAC), *né à Bordeaux en 1793, mort à Boulogne-sur-Seine en mars 1870.*

567. *Jésus guérissant un possédé.*

H. 3,18. — L. 2,88. — T. — Fig. en pied plus gr. que nat.

Au centre de la composition, le Christ, debout, entouré de la foule qui l'a suivi, étend la main sur la tête du possédé. Au premier plan, une femme agenouillée presse son enfant sur sa poitrine et regarde avec effroi la scène dont elle est témoin.

Donné par l'État en 1822. — Signé et daté.

568. *Bataille de Denain.*

H. 4,62. — L. 5,45. — T. — Fig. plus gr. que nat.

Le maréchal de Villars, à cheval, son bâton de

commandement à la main, ordonne l'attaque d'un camp retranché. Ses soldats s'élancent la baïonnette en avant sous le feu de l'ennemi.

Donné par l'État en 1872. — Signé et daté.

MOUCHOT (Louis), *né à Paris.*

569. *Une* Dahabieh *sur le Nil.*

H. 0,64. — L. 0,91. — T. — Fig. de 0,15.

Une barque, remorquée par des Égyptiens et dans laquelle on voit des voyageurs sous une tente, remonte le Nil en suivant la rive. A l'horizon, les vapeurs rougeâtres du couchant; à gauche, sur une pointe de terre, un groupe de maisons entourées d'arbres; à droite, les coteaux arides du désert.

Donné par l'État en 1879. — Signé et daté.

NATOIRE (Charles-Joseph), *peintre et graveur, né à Nîmes le 3 mars 1700, mort à Castel-Gandolfo, près de Rome, le 29 août 1777.*

570. *Vénus et Vulcain.*

H. 1,31. — L. 0,99. — T. — Fig. de 0,57.

Vénus vient demander à Vulcain des armes pour Énée. Le dieu est assis, la tête appuyée sur les genoux de la déesse qui cherche par ses caresses à le rendre favorable à ses désirs. Autour d'eux, des amours jouent avec des armures et des outils de forgeron.

Acheté par la Ville en 1852.

571. *Vénus et Énée.*

H. 1,31. — L. 0,99. — T. — Fig. de 0,57.

Énée, à genoux devant la déesse, reçoit les armes qu'elle a demandées pour lui à Vulcain. Il tient déjà la lance qu'elle vient de lui remettre. Vénus lui montre un bouclier richement sculpté. A droite, au premier plan, trois amours jouent avec une épée, un casque et une cuirasse; deux autres voltigent à gauche près de deux colombes. On aperçoit dans le fond un fleuve appuyé sur son urne.

Acheté par la Ville en 1852.

NATTIER (Jean-Marc), *né à Paris le 17 mars 1685, mort dans la même ville le 7 novembre 1766.*

ÉCOLE FRANÇAISE.

572. *Portrait d'une fille de Louis XV.*

H. 0,60. — L. 0,50. — T. — Buste de gr. nat.

Portrait inachevé. Buste de jeune femme, vue de face, les épaules découvertes.

Donné par l'État en 1872.

NAVLET (Victor), *né à Châlons-sur-Marne.*

573. *Salle de la Signature, au Vatican.*

H. 1,60. — L. 1,37. — T. — Fig. de 0,16.

Donné par l'État en 1874. — Signé et daté.

OUVRIÉ (Justin).

574. *Vue prise en Hollande.*

H. 0,23. — L. 0,30. — Aquarelle.

Deux moulins à vent, entourés de maisons, sur la rive d'un large fleuve.

Signé.

PALLIÈRE (Armand-Julien), *né à Bordeaux en 1784, mort dans la même ville le 27 novembre 1862.*

575. *Sacre de Monseigneur de Trélissac.*

H. 1,53. — L. 2,03. — T. — Fig. de 0,60.

Mgr de Trélissac reçoit la mitre épiscopale des mains du cardinal de Cheverus. La cérémonie a lieu dans la cathédrale de Bordeaux, en présence d'une foule nombreuse et des principaux membres du clergé, dont le peintre a reproduit les traits.

Donné par l'État en 1855. — Signé.

PALLIÈRE (Louis-Vincent-Léon), *né à Bordeaux en juillet 1787, mort dans la même ville le 28 décembre 1820.*

576. *Berger au repos.*

H. 1,76. — L. 2,03. — T. — Fig. en pied de gr. nat.

Un jeune homme entièrement nu, la tête couverte d'un chapeau de paille, est assis sur un rocher, à l'ombre de grands arbres. La main droite est appuyée sur un de ses genoux; l'autre est pendante et tient un bâton. Dans le fond, une ville et des montagnes.

Peint à Rome en 1816. Donné par l'État en 1820. — Signé et daté.

577. *Mercure et Argus.*

H. 2,90. — L. 2,51. — T. — Fig. en pied de gr. nat.

A gauche, Mercure debout tient d'une main une flûte de berger et de l'autre un large coutelas. Près de lui est assis Argus, qu'il vient d'endormir. Le chien de ce dernier est couché à ses pieds. Au second plan, on distingue la fille d'Inachus transformée en génisse, et, plus loin, par une échappée au milieu de grands arbres, un temple et des montagnes escarpées.

Ce tableau provient du cabinet de M. Picot. La famille Lepaute en a fait don au Musée en 1868.

578. *Délivrance de saint Pierre.*

H. 3,45. — L. 2,67. — T. — Fig. en pied de gr. nat.

Saint Pierre est représenté de face et debout sur les marches d'un escalier; il sort de sa prison, guidé par un ange, tandis que les soldats chargés de le garder sont plongés dans un profond sommeil.

Donné par la Fabrique de l'église Saint-Pierre en 1880.

Léon Pallière est mort avant d'avoir achevé cette composition, qui a été terminée par Picot, ainsi que l'indique l'inscription suivante tracée sur une des marches de l'escalier : L. *Pallière, 1820. Picot, 1824.*

PALLIÈRE (Jean-Léon), *né à Rio-de-Janeiro.*

579. *Bazeille.*

H. 1,16. — L. 1,63. — T. — Fig. de 0,47.

Les Prussiens viennent d'attaquer le village de Bazeille. Derrière un mur à demi détruit, des soldats de l'infanterie de marine sont tombés en combattant l'ennemi. Un seul est encore vivant et s'apprête à tirer. Au centre de la composition, le curé du village, un fusil à la main, excite les habitants à la résistance. Plusieurs d'entre eux ont été mortellement atteints. A droite, une femme embrasse le corps inanimé d'un jeune homme étendu sur la terre. Au second plan, les maisons du village, que l'incendie commence à dévorer. Dans le fond, une rue occupée par l'ennemi.

Donné par l'État en 1879. — Signé.

PAPIN (Jean-Adolphe), *né à Bordeaux, mort dans la même ville en 1880.*

ÉCOLE FRANÇAISE.

580. *Portrait de M. Lacour fils.*

H 1,20. — L. 0,90. — T. — Fig. presque en pied de gr. nat.

Il est assis près d'une table, sur laquelle il y a des livres et un album ouvert; il tient un crayon de la main droite; l'autre est placée sur un carton contenant des dessins. Fond d'appartement orné de tableaux.

Légué à la Ville par M. Lacour en 1859. — Signé et daté.

581. *Portrait du père de l'auteur.*

H. 0,55. — L. 0,46. — T. — Buste de gr. nat.

Légué à la Ville par M. A. Papin.

582. *Portraits de M. et Mme A. Papin.*

H. 1,04. — L. 0,85. — T. — Fig. jusqu'aux genoux de gr. nat.

Le peintre est représenté assis et de face, tenant sa palette et ses pinceaux. Sa femme est debout derrière lui, accoudée sur un meuble.

Légué à la Ville par M. A. Papin.

583. *Portrait de M. Eugène Bailby.*

H. 0,92. — L. 0,73. — T. — Fig. de gr. nat.

Il est représenté à mi-corps, assis devant une table sur laquelle sont des papiers et un album de dessins.

Légué à la Ville par Mme Vve Bailby en 1880. — Signé et daté.

584. *Scythès tendant l'arc de son père.*

H. 1,10. — L. 1,42. — T. — Fig. de 0,37.

Echydna remet la ceinture et l'héritage d'Hercule à celui de ses trois fils qui parvient à tendre l'arc de ce héros. Signé.

PARROCEL (JOSEPH), *peintre et graveur, né à Brignoles (en Provence) en 1648, mort à Paris le 1er mars 1704.*

585. *Josué ordonne au Soleil de s'arrêter.*

H. 0,62. — L. 0,75. — T. — Fig. de 0,15.

Josué, chef du peuple hébreu, dit l'Écriture, après avoir passé le Jourdain à pied sec et s'être emparé de Jéricho, vainquit le roi de Jébus et conquit le pays de Chanaan. Par un miracle fait en sa faveur, il arrêta le soleil sur Gabaon et la lune dans la vallée d'Ajalon. — Représenté à cheval au milieu de la mêlée, Josué étend le bras dans la direction du soleil qui brille entouré de nuages lourds et rougeâtres.

Collection Lacaze. 1829.

PARROT (Philippe), *né à Excideuil (Dordogne).*

586. *Élégie.*

H. 1,45. — L. 1,07. — T. — Fig. en pied de gr. nat.

Jeune fille nue assise au bord de la mer sur un rocher, la main gauche appuyée sur une lyre.

Donné par l'État en 1868. — Signé et daté.

PÉRAIRE (Paul-Emmanuel), *né à Bordeaux.*

587. *Le Moulin des Andelys (Eure).*

H. 1,50. — L. 2,45. — T. — Fig. de 0,12.

Au centre du tableau, un moulin entouré d'arbres et reflété par une rivière. Au premier plan, à gauche, un talus tapissé d'herbe, où s'élèvent quelques arbustes. A l'horizon, un coteau, au pied duquel sont rangées les maisons d'un village. Sur la rivière, deux barques montées par des pêcheurs.

Donné par l'État en 1879. — Signé.

PERRAULT (Léon), *né à Poitiers.*

588. *Le Départ.*

H. 1,16. — L. 0,90. — T. — Fig. de 0,89.

Une jeune femme, prête à quitter la maison paternelle, dit adieu à ses parents. Son vieux père l'embrasse avec effusion; sa mère s'approche d'elle, exprimant par son attitude la vivacité du sentiment qui l'anime. Un jeune homme est à côté du groupe, tenant d'une main son bâton de voyage et de l'autre le bras de sa compagne. Dans le bas du tableau, à gauche, un chien noir qui semble impatient de partir.

Donné par l'État en 1865. — Signé et daté.

PICOT (François-Édouard). — *Voir le n° 578.*

PILLEMENT (Jean), *peintre et graveur, né à Lyon en 1728, mort dans la même ville en 1808.*

589. *Paysage.*

H. 0,45. — L. 0,68. — T. — Fig. de 0,07.

Au centre du tableau, un torrent se précipite et forme

une cascade parmi des rochers. Au premier plan, sur un tertre, deux laveuses, dont l'une est debout et vue de face. Près d'elles, deux bergers assis et, un peu plus loin, des chèvres et des moutons. A l'horizon, des montagnes.

Donné par M. Adolphe Charroppin en 1855. — Signé et daté.

590. *Paysage.*

H. 0,45. — L. 0,68. — T. — Fig. de 0,07.

A gauche, un rocher suspendu sur une rivière qui coule dans un bas fond. Une femme est assise à terre; un homme, le bras levé et armé d'un bâton, court après un troupeau. De l'autre côté de la rivière, des rochers et des arbres et, plus loin, des montagnes au milieu desquelles on voit un château.

Donné par M. Adolphe Charroppin en 1855. — Signé et daté.

PILS (Isidore), *né à Paris en 1813, mort dans la même ville le 20 septembre 1875.*

591. *Une Tranchée devant Sébastopol.*

H. 1,37. — L. 2,22. — T. — Fig. de 0,70.

Plusieurs soldats dans diverses attitudes. L'un d'eux, à gauche, panse son camarade blessé à la jambe. D'autres sont debout, leur fusil à la main. Au centre, un soldat regarde par une embrasure et s'apprête à tirer. A droite, un autre soldat regarde également du côté de l'ennemi, tandis que ceux qui l'entourent sont couchés ou assis. L'un de ces derniers fume sa pipe; deux autres paraissent endormis.

Donné par la Société des Amis des arts de Bordeaux en 1857. — Signé et daté.

POITEVIN (Alexandre), *peintre et architecte, né à Bordeaux en 1782, mort dans la même ville en 1859.*

592. *L'Age d'or.*

H. 0,82. — L. 0,97. — T. — Fig. de 0,60.

Un jeune couple est assis à l'entrée d'une grotte ombragée par des arbres; deux enfants jouent à côté sur une draperie blanche. A gauche et dans l'ombre, une figure bizarre représente le Temps et tient un sablier.

Donné par Mᵐᵉ Vᵛᵉ Poitevin en 1859. — Signé d'un monogramme.

PORION (Charles), *né à Amiens.*

593. *El Descanso, mœurs de Valence (Espagne).*

H. 1,15. — L. 1,15. — T. — Forme ronde. — Fig. de 0,90.

Un homme à demi étendu sur un tapis joue de la guitare. Une femme assise en face de lui l'écoute en souriant. Derrière eux, on voit le buste d'un troisième personnage.

Donné par l'État en 1857. — Signé et daté.

POTIÉ (Mme Albain), *née le 26 juillet 1850 à La Rochelle, morte à Bordeaux le 12 juin 1865.*

594. *Paysage.*

H. 0,18. — L. 0,27. — Sur carton.

Au premier plan, une mare, des arbres et un pêcheur à la ligne. Un peu plus loin, les maisons d'un village, au-dessus desquelles on distingue un moulin à vent.

Donné par Mme Vve Allenet-Marais en 1880.

POUSSIN (École de Nicolas), *né aux Andelys (en Normandie) au mois de juin 1594, mort à Rome le 19 novembre 1665.*

595. *Berger gardant son troupeau.*

H. 0,52. — L. 0,63. — T. — Fig. de 0,07.

Près d'une rivière traversant un site accidenté, un berger garde des chèvres et des moutons. Au second plan, un château-fort.

Collection Lacaze. 1829.

596. *Sacrifice à Priape.*

H. 0,78. — L. 0,97. — T. — Fig. de 0,38.

Collection Lacaze. 1829.

POUSSIN (*D'après* Nicolas).

597. *Les Bergers d'Arcadie.*

H. 0,87. — L. 1,24. — T. — Fig. de 0,58.

« Au milieu d'une plaine déserte, trois pâtres tenant de longs bâtons, et une jeune fille vêtue à l'antique, sont arrêtés devant un tombeau ombragé par quelques arbres. A gauche, le plus âgé, agenouillé, montre du doigt ces mots tracés sur la pierre : ET IN ARCADIA EGO. Derrière lui, un de ses compagnons, couronné de fleurs, se tient debout, pensif, le bras appuyé sur le bord du monument. A droite, le troisième berger, portant également une couronne, penché vers la tombe, fait remarquer l'inscription à la jeune fille, qui est vue de profil, debout devant lui et la main posée sur son épaule. Dans le fond, des montagnes escarpées. » — *(Extrait de la Notice du Musée du Louvre.)*

<small>Cette copie a été exécutée par M. Alcide Girault, élève de l'École de dessin et pensionnaire de la Ville, à Paris, en 1865.</small>

598. *Sainte-Famille.*

<small>H. 0,74. — L. 0,70. — T. — Fig. de 0,58.</small>

La Vierge, assise, couverte d'un manteau bleu, tient l'Enfant Jésus debout sur ses genoux. Devant elle est placé le petit saint Jean, une croix à la main. Dans le fond, à gauche, derrière une colonne, on aperçoit le buste de saint Joseph.

<small>Copie ancienne donnée par l'État en 1803.</small>

PRADELLES (Hippolyte), *né à Strasbourg.*

599. *Vue prise à Mouleau, près d'Arcachon. Effet de soleil couchant.*

<small>H. 1,00. — L. 1,48. — T. — Fig. de 0,10.</small>

Quelques pins sur le rivage, autour d'une cabane servant d'abri à des moutons. Au second plan, la surface du bassin d'Arcachon. La nuit approche; le ciel est rayé de lueurs rougeâtres par les derniers rayons du soleil.

<small>Acheté par la Ville à l'exposition de la Société des Amis des arts de Bordeaux en 1872. — Signé.</small>

PRINCE (A. Xavier le), *né à Paris en 1799, mort à Nice en 1826.*

600. *Paysage.*

<small>H. 0,17. — L. 0,22. — T. — Fig. de 0,02.</small>

Au premier plan, à gauche, un monument de style gothique abrite une statue de la Vierge. Une femme assise sur un âne et accompagnée d'un homme qui porte un râteau sur l'épaule, conduit un troupeau de chèvres et de moutons que précède une vache. Plus loin, une rivière serpente au milieu d'une vaste plaine. Dans le fond, des montagnes.

<small>Legs de M. Guitard. 1875. — Signé et daté.</small>

PRIOU (Louis), *né à Toulouse.*

601. *Hercule et Pan.*

H. 2,21. — L. 2,67. — T. — Fig. en pied de gr. nat.

« Hercule l'alla prendre au fond de son terrier,
» Et l'amena devant Jupiter par l'oreille. »
(Victor Hugo. — *La Légende des Siècles.*)

Donné par l'État en 1869. — Signé et daté.

PRUD'HON (Pierre), *né à Cluny (département de Saône-et-Loire) le 4 avril 1758, mort à Paris le 16 février 1823.*

602. *La Justice et la Vengeance divine poursuivant le Crime.*

H. 2,43. — L. 2,92. — T. — Fig. de gr. nat.

« A gauche, dans un lieu désert, hérissé de rochers, éclairé par la lune, un homme, un poignard à la main, vêtu d'une tunique et d'un manteau, s'éloigne rapidement. A droite est étendu par terre le corps nu d'un jeune homme assassiné. Au-dessus de la victime volent dans les airs la Vengeance tenant une torche, prête à saisir le meurtrier, et la Justice, personnifiée par les balances et le glaive. » — *(Extrait de la Notice du Musée du Louvre.)*

Copie exécutée par M. Ulysse Douard, pensionnaire de la ville de Bordeaux à Paris, en 1861.

PUYRENIEZ (Fort), *né à Bordeaux.*

603. *Vue prise à Floirac.*

H. 0,38. — L. 0,46. — T.

A droite, une maison vivement éclairée; à gauche, un arbre qui se détache sur un ciel orageux. Une femme portant des herbes se dirige vers la maison. Plus loin, deux vaches.

Acheté par la Ville en 1830.

604. *Vue prise à Floirac.*

H. 0,38. — L. 0,46. — T.

Au pied d'un massif de rochers, une maison et des saules. A quelque distance, un monticule, sur lequel est un arbre brisé.

Acheté par la Ville en 1830.

RAMADE (Eugène), *né à Bordeaux.*

605. *Intérieur de l'église de Bazas.*

H. 0,82. — L. 0,66. — T. — Fig. de 0,06.

Acheté par la Ville en 1830. — Signé et daté.

RESTOUT (Jean), *né à Rouen le 26 mars 1692, mort à Paris, aux galeries du Louvre, le 1er janvier 1768.*

606. *Le Prophète Ezéchiel.*

H. 3,40. — L. 1,14. — T. — Fig. de gr. nat.

Il est représenté assis et montrant une tablette, sur laquelle est tracé ce passage de ses prophéties : *Porta hæc clausa erit.*

Donné par l'État en 1803. — Signé et daté.

607. *Présentation de Jésus au Temple.*

H. 4,05. — L. 2,70. — T. — Fig. en pied de gr. nat.

Debout sur les marches de l'autel, devant la Vierge agenouillée, saint Siméon tient l'Enfant Jésus dans ses bras, et remercie Dieu en disant : « *C'est maintenant, Seigneur, que vous laisserez mourir en paix votre serviteur selon votre parole.* » Derrière la Vierge, saint Joseph retire d'une cage les colombes qui doivent être offertes en sacrifice. Deux anges, soutenus par leurs ailes, sont au-dessus du groupe principal qu'entourent divers personnages tenant des cierges.

Donné par l'État en 1803. — Signé et daté.

RICHARD (Alexandre-Louis-Marie-Théodore), *peintre et musicien, né à Millau (Aveyron) le 24 novembre 1782, mort à Toulouse le 11 décembre 1859.*

608. *Troupeau en marche.*

H. 0,81. — L. 0,65. — T. — Fig. de 0,08.

Troupeau de moutons dans un chemin qui longe une rivière. Des rochers à droite. Sur le premier plan, une paysanne et un chien.

Legs de M. Fieffé en 1856. — Signé et daté.

ROBERT (Hubert), *peintre et graveur, né à Paris en 1733, mort dans la même ville le 15 avril 1808.*

609. *Ruines avec figures.*

H. 0,47. — L. 0,37. — T. — Fig. de 0,08.

Au premier plan, un rocher qui domine une rivière. Un vieillard, debout, vêtu d'une tunique bleue et d'un manteau jaune qui lui couvre la tête, montre à trois personnages un mausolée en ruines, sur lequel on voit une inscription. Plus loin, un autre rocher en forme de pont. Près du mausolée, un pin d'Italie.

Collection Lacaze. 1829.

610. *Ruines avec figures.*

H. 0,47. — L. 0,37. — T. — Fig. de 0,13.

Plusieurs personnages, les uns assis ou couchés, les autres debout, sont groupés parmi des ruines. Un peu plus loin, deux hommes à cheval, vus de dos. A droite, une statue placée sur un socle avec cette inscription : MARCO.

Collection Lacaze. 1829.

ROQUEPLAN (CAMILLE-JOSEPH-ÉTIENNE), *né à Malemort (Bouches-du-Rhône) en 1803, mort à Paris en 1855.*

611. *Valentine et Raoul. (Scène tirée de l'opéra les Huguenots.)*

H. 2,70. — L. 1,88. — T. — Fig. de gr. nat.

En entendant le tumulte de la rue, Raoul a saisi son épée et veut aller au secours de ses frères. Valentine se jette à ses genoux et cherche en vain à le retenir.

Donné par l'État en 1854. — Signé.

SAMBAT. *Fin du XVIIIe siècle.*

612. *Portrait. — Miniature.*

H. et L. 0,10. — Forme ronde. — Fig. de 0,08.

Ce personnage est représenté jusqu'aux genoux, vêtu d'un habit bleu et assis devant une table, sur laquelle sont placés les bustes de Molière et de J.-J. Rousseau, des livres, un encrier, des manuscrits. L'un de ces derniers porte le titre suivant: « *Le Philinte ou la suite du Misanthrope.* » Quelques personnes ont pensé que cette miniature était le portrait de Fabre d'Églantine.

Donné par M. Remy en 1868. — Signé et daté.

SANTERRE (*D'après* Jean-Baptiste), *né à Magny (Oise) en 1650, mort à Paris le 21 novembre 1717.*

613. *La Coupeuse de choux.*
        H. 0,92. — L. 0,73. — T. — Fig. de gr. nat.

    Vue de face, à mi-corps, elle tient un chou qu'elle s'apprête à couper.
                              Donné par M. Doucet en 1805.

SAUVAGE (Piat-Joseph), *né à Tournay en 1744, mort dans la même ville en 1818.*

614. *Bas-relief en grisaille.*
        H. 0,32. — L. 0,40. — T. — Fig. de 0,24.

    A droite, près d'un buste du dieu Pan, un satyre, vu de dos et à demi couché, tient une nymphe dans ses bras. Celle-ci reçoit des mains d'une de ses compagnes une grappe de raisin qui va être offerte au dieu des bergers. A côté d'elle est un petit satyre qui lève les bras pour saisir la grappe, tandis qu'une autre nymphe arrive tenant un enfant par la main.
                              Collection Lacaze. 1829.

SERRES (Antony), *né à Bordeaux.*

615. *Tympanistria.*
        H. 2,24. — L. 1,48. — T. — Fig. en pied de gr. nat.

    Une jeune femme, entièrement nue, vue de face, danse en jouant du tambourin. Fond de paysage, avec un motif architectural et une fontaine au premier plan.
                            Donné par l'État en 1868. — Signé.

616. *Jugement de Jeanne d'Arc.*
        H. 1,29. — L. 1,93. — T. — Fig. de 0,49.

    Au milieu d'une vaste église, Jeanne d'Arc, revêtue de son armure, la tête découverte, est debout devant un prie-Dieu en face de ses juges. L'expression dont les visages de ces derniers sont empreints indique le sentiment qui les anime et fait pressentir la sentence qui sera prononcée. Autour d'elle, sont rangés des moines, des magistrats, divers autres personnages qui écoutent attentivement ou se communiquent leurs impressions. Derrière ceux-ci se presse la foule des curieux.

<small>Acheté par la Ville à l'exposition de la Société des Amis des arts de Bordeaux en 1868. — Signé et daté.</small>

SERRUR (Henri-Auguste-César), *né à Lambersart (Nord) en 1794; vivait encore en 1864.*

617. *Portrait de Charles X.*

H. 2,50. — L. 1,98. — T. — Fig. de gr. nat.

<small>Donné par l'État en 1848. — Signé et daté.</small>

STELLA (*École de* Jacques), *né à Lyon en 1596, mort en 1657.*

618. *Le Veau d'or.*

H. 0,64. — L. 0,80. — T. — Fig. de 0,25.

Au centre de la composition, Aaron montre le veau d'or aux Israélites qui dansent et se prosternent devant son autel. Dans le lointain, à gauche, on aperçoit Moïse brisant les tables de la loi en présence de Josué. A droite, plusieurs tentes ombragées par des arbres au pied d'une montagne.

<small>Collection Lacaze. 1829.</small>

SUEUR (*D'après* Eustache le), *baptisé à l'église Saint-Eustache, à Paris, le 19 novembre 1617, mort le 30 avril 1655.*

619. *Uranie.*

H. 0,50. — L. 0,41. — T. — Fig. de 0,36.

La Muse de l'astronomie, assise sur un tertre, le front couronné d'étoiles, montre le ciel d'une main et tient de l'autre un compas, avec lequel elle vient de mesurer sur un globe céleste la distance qui sépare deux astres.

<small>Acheté par la Ville en 1854.</small>

SUEUR (*École d'*Eustache le).

620. *Sainte-Famille.*

H. 0,60. — L. 0,51. — T. — Fig. de 0,40.

La Vierge est représentée assise, tenant l'Enfant Jésus sur ses genoux; elle caresse de la main gauche le petit saint Jean, que lui présente sainte Élisabeth. Derrière elle, saint Joseph se penche pour contempler cette scène.

Legs de M. Oldekop en 1858.

TABAR (FRANÇOIS-GERMAIN-LÉOPOLD), *né à Paris en 1818, mort à Argenteuil le 29 mars 1869.*

621. *Épisode de la Campagne d'Égypte.*
H. 4,50. — L. 3,70. — T. — Fig. en pied de gr. nat.

Le général en chef Bonaparte se trouvant en danger d'être entraîné par les flots de la mer, un soldat des guides se précipite, saisit son cheval par la bride et le ramène au rivage. Un autre soldat cherche à lui couvrir les épaules avec un burnous.

Donné par l'État en 1857. — Signé.

TAILLASSON (JEAN-JOSEPH), *peintre et littérateur, né à Blaye en 1746, mort à Paris le 11 novembre 1809.*

622. *Le Tombeau d'Élysée.*
H. 1,31. — L. 1,59. — T. — Fig. de 0,80.

Quelques Israélites, qui portaient le corps d'un homme mort, ayant rencontré des voleurs moabites, jetèrent leur fardeau dans le sépulcre d'Élysée, afin de fuir plus aisément. A peine le cadavre eut-il touché les ossements du prophète qu'il revint à la vie et se leva sur ses pieds.

Tableau envoyé de Rome pour la réception de M. Taillasson à l'Académie de Bordeaux. Gravé par M. Lacour fils dans le Musée d'Aquitaine, t. I, p. 265.

TASSAERT (NICOLAS-FRANÇOIS-OCTAVE), *né à Paris en 1805, mort dans la même ville le 26 avril 1874.*

623. *Communion des premiers Chrétiens.*
H. 1,20. — L. 1,09. — T. — Fig. de 0,60.

Des chrétiens réfugiés dans les catacombes y célèbrent les mystères de la religion nouvelle. Au moment de la communion, des soldats païens se montrent au sommet de l'escalier qui conduit dans le souterrain. Au premier plan, une jeune femme regarde avec anxiété du côté où le bruit s'est fait entendre et met la main sur la bouche d'un enfant pour l'empêcher de crier; un jeune homme applique son oreille sur la terre afin de se rendre compte du danger. D'autres chrétiens continuent à prier les mains jointes ou croisées sur la poitrine.

Donné par l'État en 1852. — Signé et daté.

TERNUS (Jean), *né en Italie vers 1795, mort en 1826.*

624. *Un Vase de fleurs.*

H. 0,94. — L. 0,68. — T.

Il est placé sur une table de marbre. A gauche, un melon, des pêches et des raisins.

Acheté par la Ville en 1855. — Signé.

TEYSSONNIÈRES (Pierre), *né à Albi.*

625. *Quarante-trois gravures à l'eau-forte.*

Don de l'auteur en 1876.

THIRION (Eugène-Romain), *né à Paris.*

626. *Saint Vincent, martyr.*

H. 2,16. — L. 3,14. — T. — Fig. de gr. nat.

Le corps du Saint est étendu sur le rivage de la mer, où les flots l'ont rejeté. Des chrétiens l'ont découvert et s'apprêtent à lui rendre les derniers devoirs. Ils sont auprès de lui et témoignent diversement leur douleur et leur admiration. Un vieillard, agenouillé, lève les bras vers le ciel; une jeune femme se prosterne et baise la draperie blanche qui enveloppe le saint; un troisième personnage, les mains jointes, le contemple douloureusement. Dans le fond, à droite, d'autres chrétiens arrivent et manifestent par leur attitude le sentiment qui les anime à la vue du martyr.

Donné par l'État en 1866. — Signé et daté.

THOMIRE, *peintre bordelais, reçu membre de l'Académie de Bordeaux en 1784.*

627. *Portrait.*

H. 1,12. — L. 0,90. — T. — Fig. à mi-corps de gr. nat.

Provient de l'ancienne Académie de peinture. Morceau de réception de l'auteur. — Signé.

TOUL (N....), *né et mort à Bordeaux au XVIIIe siècle.*

628. *Tête de Vieillard.*

H. 0,36. — L. 0,27. — T. — Fig. pet. nat.

Donné par M. Lacour en 1854. — Signé.

ÉCOLE FRANÇAISE.

TRÉZEL (PIERRE-FÉLIX), *né à Paris en 1782, mort dans la même ville en 1855.*

629. *Adieux d'Hector et d'Andromaque.*

H. 3,25. — L. 2,60. — T. — Fig. plus gr. que nat.

Andromaque est accourue au devant de son époux, qui se dispose à partir pour défendre la ville de Troie assiégée. Près d'elle est Astyanax, son fils, qu'une nourrice tient dans ses bras. Elle essaie en vain de toucher Hector par ses discours. Le héros demeure inflexible : armé de ses javelots et de son bouclier, il part repoussant doucement la main qui veut le retenir. Un écuyer retient ses chevaux impatients. Tandis que le combat s'engage autour des remparts d'Ilion, Jupiter tient les balances d'or, dans lesquelles il pèse la destinée des Troyens et des Grecs.

Donné par l'État en 1819. — Signé et daté.

630. *Circé abandonnée par Ulysse.*

H. 2,92. — L. 2,27. — T. — Fig. plus gr. que nat.

Circé, tenant sa baguette de magicienne à la main, le sein découvert, les genoux enveloppés d'une draperie rouge, est assise sur un rocher. Ses yeux sont rougis par les larmes et par la colère; elle étend le bras droit vers la mer, où l'on voit le vaisseau qui emporte son amant. A ses pieds, un couteau ensanglanté, un plat, une coupe renversée et un corbeau que la foudre vient de frapper.

Donné par l'État en 1840. — Signé et daté.

TROYON (CONSTANT), *né à Sèvres (Seine-et-Oise) le 28 août 1810, mort à Paris le 20 mars 1865.*

631. *Bœufs au labour.*

H. 1,04. — L. 1,46. — T. — Fig. de 0,31.

Quatre bœufs ont tiré la charrue jusqu'à la limite du champ qu'ils labourent et vont tourner pour creuser un nouveau sillon. Les uns sont vus de face, les autres de profil. Ils sont conduits par un homme, vêtu d'une blouse bleue, tenant à la main son aiguillon. A droite, au premier plan, un chien noir et un panier. Dans le lointain, une charrue traînée par six bœufs.

Acheté par la Ville à l'exposition de la Société des Amis des arts de Bordeaux en 1860. — Signé.

VANLOO. — *Voir* LOO (CHARLES-ANDRÉ, *dit* CARLE VAN).

VERNET (CLAUDE-JOSEPH), *peintre et graveur, né à Avignon le 14 août 1714, mort à Paris le 3 décembre 1789.*

632. *Marine. — Effet de nuit.*

H. 0,26. — L. 0,34. — B. — Fig. de 0,06.

Au premier plan, sur des rochers qui bordent une mer orageuse, quelques hommes s'empressent de porter secours à un naufragé. La scène est éclairée par la lune qui brille au milieu des nuages. Plus loin, on distingue un phare allumé et deux vaisseaux battus par la tempête.

Acheté par la Ville en 1859. — Provient du cabinet de M. de Fontainieu.
Signé d'un monogramme.

VERNET (*D'après* HORACE), *né à Paris le 30 juin 1789, mort dans la même ville le 17 janvier 1863.*

633. *Une Revue passée par le roi Charles X.*

H. 3,50. — L. 2,20. — T. — Fig. de gr. nat.

Le roi est représenté à cheval au centre de la composition. Derrière lui, le duc de Bourbon et le prince de Condé. A gauche, le duc d'Orléans, depuis Louis-Philippe, en costume de colonel de hussards.

Acheté par la Ville en 1802.

Copie exécutée en 1829 par J.-P. Alaux. — La partie gauche du tableau a été détruite dans l'incendie de 1870; la figure du duc d'Orléans a disparu.

634. *Portrait équestre du duc d'Angoulême.*

H. 3,70. — L. 2,91. — T. — Fig. de gr. nat.

Le prince est représenté à cheval, suivi de son état-major.

Acheté par la Ville en 1829.

Copie exécutée en 1828 par J.-P. Alaux.

VIBERT (GEORGES-JEAN), *né à Paris.*

635. *Narcisse.*

H. 1,14. — L. 2,02. — T. — Fig. en pied de gr. nat.

Le fils de Céphise est étendu sans vie au bord d'un cours d'eau; ses bras sont relevés au-dessus de sa tête;

dans ses cheveux blanchissent déjà les fleurs qui portent son nom.
Donné par l'État en 1864. — Signé et daté.

VIEN (Joseph-Marie), *peintre et graveur, né à Montpellier le 18 juin 1716, mort à Paris le 27 mars 1809.*

636. *La Circoncision.*

H. 0,27. — L. 0,18. — Papier maroufié sur T. — Fig. de 0,14.

La Vierge est debout, les mains croisées sur la poitrine. Devant elle l'Enfant Jésus est étendu sur des draperies blanches. Assis à côté de ce dernier, le grand prêtre, entouré de ses acolytes, se prépare à remplir son ministère. A gauche, au premier plan, un homme à genoux; dans le haut de la toile, deux anges qui descendent du ciel.
Acheté par la Ville en 1851.

VINCENT (François-André), *né à Paris le 30 décembre 1746, mort dans la même ville le 3 août 1816.*

637. *La Leçon de labourage.*

H. 2,13. — L. 3,13. — T. — Fig. pet. nat.

Un père de famille assiste à une leçon de labourage qu'il fait donner à son fils. Sa femme est à ses côtés, tenant par la main sa fille encore enfant. Tous deux regardent le jeune homme qui, tenant l'aiguillon d'une main et la charrue de l'autre, écoute les conseils du laboureur qui est chargé de l'instruire.

Ce tableau a été acheté par la Ville, en 1830, à M. J.-B.-N. Boyer-Fonfrède, qui l'avait commandé à l'artiste. Les figures sont des portraits de M. J.-B. Boyer-Fonfrède, de sa femme, et de M. J.-B. Boyer-Fonfrède, qui devint avocat à Bordeaux. — *Signé et daté.*

WATELET (Louis-Étienne), *né à Paris en 1780, mort dans la même ville en 1853.*

638. *Paysage. — Aquarelle.*

H. 0,11. — L. 0,16.

A gauche, une chaumière au bord d'une mare. A droite, un grand arbre et un talus boisé, au pied duquel est un chemin. Au second plan, deux figurines.
Legs de M. Fiéffé en 1856. — Signé et daté.

WERNNEZ (Chevalier DE). *Vivait en 1766.*

639. *Portrait de Messire Joseph de Borie, seigneur de Gassies, capitaine au régiment de Bourbonnais.*

H. 0,38. — L. 0,27. — Fig. de 0,30.

Dessin au crayon, rehaussé d'aquarelle. Donné par M. A. Potié en 1870. Signé.

WILLE (Pierre-Alexandre), *peintre et graveur. — XVIII° siècle.*

640. *Tête de femme.*

H. 0,55. — L. 0,45. — T. — Fig. de gr. nat.

Jeune femme représentée de trois quarts; ses cheveux sont relevés et retenus par un ruban; elle porte un fichu blanc bordé de rose; le corsage est entr'ouvert et laisse voir la poitrine.

Acheté par la Ville en 1836. A fait partie de la collection de M. Journu Auber. — Signé et daté.

ZIEGLER (Claude-Jules), *né à Langres en 1804, mort à Paris le 29 décembre 1856.*

641. *Giotto chez Cimabue.*

H. 1,94. — L. 1,29. — T. — Fig. de gr. nat.

Giotto est représenté debout, de profil et presque nu, dans l'atelier de son maître. L'air pensif, il regarde avec admiration les enluminures d'un manuscrit ouvert devant lui. Dans le fond, Cimabue, sa palette à la main, paraît jouir de son étonnement et étudier son émotion.

Donné par l'État en 1872. — Signé.

ZIEM (Félix), *né à Beaune (Côte-d'Or).*

642. *Bords de l'Amstel (Hollande). — Effet de soleil couchant.*

H. 1,00. — L. 1,51. — T.

Des moulins, des maisons et des arbres se détachant sur un ciel éclairé par les rayons du soleil à son déclin, se reflètent dans les eaux tranquilles d'une rivière. A gauche, près du bord, une barque dans laquelle on voit un homme assis.

Acheté par la Ville à l'exposition de la Société des Amis des arts de Bordeaux en 1869. — Signé.

INCONNUS

ÉCOLES ITALIENNE ET ESPAGNOLE

643. *David devant Saül.*
H. 1,39. — L. 1,80. — T. — Fig. de gr. nat.

Le jeune berger, le haut du corps nu, entouré de soldats qui le regardent avec étonnement, présente à Saül la pierre avec laquelle il a tué le géant Goliath.

Donné par l'État en 1803.

644. *Sainte-Famille.*
H. 1,16. — L. 0,88. — T. — Fig. jusqu'aux genoux de gr. nat.

Au centre du tableau, la Vierge assise tient l'Enfant Jésus sur ses genoux. Saint François, vu de profil, s'incline pour embrasser les pieds de l'Enfant. Dans le fond, à gauche, le buste de saint Joseph.

Acheté par la Ville en 1845.

645. *Toilette d'Hersé.*
H. 0,58. — L. 0,47. — B. — Fig. de 0,30.

La fille de Cécrops est assise, presque entièrement nue, au centre du tableau. A droite, une suivante, à demi agenouillée, attache une de ses sandales; une autre, à gauche, lui présente une tunique rouge. On voit dans le haut du tableau un amour tenant une couronne de fleurs, et dans le fond, à droite, Mercure touchant Aglauré de son caducée et la changeant en statue de pierre.

Acheté par la Ville en 1845.

646. *Christ en croix.*
H. 0,52. — L. 0,36. — B. — Fig. de 0,26.

Le corps du Christ attaché sur la croix se détache sur

un ciel couvert d'épaisses ténèbres. Sainte Madeleine, à genoux, les yeux douloureusement levés vers le ciel, entoure de ses deux bras le pied de la croix. Sur la terre, une tête de mort. Dans le fond, la ville de Jérusalem.

Legs de M. Duffour-Dubergier en 1861.

647. Sainte-Famille.

H. 0,78. — L. 1,01. — T. — Fig. de 0,48.

La Vierge et saint Joseph sont assis à terre. L'Enfant Jésus, soutenu par sa Mère, caresse et embrasse saint Joseph. Fond de paysage : une maison au bord d'un cours d'eau, des montagnes à l'horizon et la mer à droite.

Collection Lacaze. 1829.

648. *Vénus soufflant le feu de l'Amour.*

H. 1,28. — L. 0,91. — T. — Fig. pet. nat.

Jeune femme nue, assise à l'entrée d'une grotte et attisant avec un soufflet la flamme d'un foyer. Près d'elle est un amour qui apporte du bois.

Donné par M. Doucet en 1805.

649. Ecce Homo.

H. 0,75. — L. 0,59. — B. — Buste de gr. nat.

Le Christ est vu de face, la tête inclinée, les mains jointes sur la poitrine.

Acheté par la Ville en 1800. — Provient du cabinet de M. R. Brown.

650. *Un Saint recevant les insignes de l'épiscopat des mains d'un ange.*

H. 0,80. — L. 0,47. — B. — Fig. de 0,41.

A gauche, un ange assis, vêtu d'une tunique rouge et d'un manteau bleu rayé d'or, présente une dalmatique blanche au saint, qui est agenouillé devant lui. Le groupe se détache sur un fond jaune, peuplé de têtes de chérubins. Trois anges dans les airs assistent à cette scène.

Acheté par la Ville en 1860. — Provient du cabinet de M. R. Brown.

651. *Une Jeune Fille filant, entourée d'anges.*

H. 0,79. — L. 0,60. — T. — Fig. de 0,65.

Vêtue d'une robe brun vert dont le corsage est rouge,

ÉCOLES ITALIENNE ET ESPAGNOLE. 205

elle est assise sur un fauteuil et tient une quenouille et un fuseau. Des têtes de chérubins l'entourent. Près d'elle, à droite, sur une table recouverte d'un tapis, on voit un verre dans lequel est une fleur.

Acheté par la Ville en 1860. — Provient du cabinet de M. R. Brown.

652. *Adoration des Mages.*
H. 0,31. — L. 1,39. — B. — Fig. de 0,17.

A gauche du tableau, la Vierge, accompagnée de saint Joseph qui est debout derrière elle, est assise au seuil d'une étable et tient l'Enfant Jésus sur ses genoux. L'un des mages se prosterne et baise les pieds de l'Enfant. A droite, les autres mages et leur suite, les uns à pied, les autres à cheval, apportent des présents.

Donné par l'État en 1872.

653. *Le Printemps.*
H. 0,88. — L. 3,77. — T. — Fig. de 0,21.

Au milieu d'un riant paysage traversé par un cours d'eau, plusieurs jeunes femmes sont occupées à cueillir des fleurs et en remplissent des corbeilles.

Donné par l'État en 1872.

654. *L'Été.*
H. 0,91. — L. 3,85. — T. — Fig. de 0,17.

Dans un vallon ombragé d'arbres, au pied d'un massif de rochers d'où s'élancent des cascades, un satyre poursuit une nymphe à travers les roseaux.

Donné par l'État en 1872.

655. *L'Automne.*
H. 0,90. — L. 3.73. — T. — Fig. de 0,20.

Au premier plan, près d'une fontaine qui jaillit d'un rocher, le peintre a représenté Thisbé se perçant avec l'épée dont Pyrame s'était servi pour se donner la mort. A droite, on aperçoit la lionne qui a rougi de sang le voile de la jeune fille et causé la méprise de son amant. Plus loin, deux bergers gardent un troupeau de moutons.

Donné par l'État en 1872.

656. *L'Hiver.*
H. 0,88. — L. 4,00. — T. — Fig. de 0,18.

Les arbres sont dépouillés de leurs feuilles et la terre

est couverte de neige. L'Hiver est représenté sur un char traîné par deux sangliers; il est suivi de deux femmes qui portent du bois. Vers la gauche du tableau, on voit un bûcheron coupant des branches d'arbres et, plus loin, trois voyageurs.

Donné par l'État en 1872.

657. Saint Sébastien et les saintes femmes.

H. 1,78. — L. 1,46. — T. — Fig. de gr. nat.

Le Saint est représenté mourant et recevant les soins de deux femmes qui sont venues lui porter secours. Tandis que l'une d'elles le soutient, l'autre étanche avec son voile le sang qui coule de ses blessures.

Donné par l'État en 1876.

658. Un Saint reçoit des mains d'un ange le chapeau d'archevêque.

H. 0,86. — L. 0,71. — T. — Fig. de gr. nat.

Le Saint est à droite, les mains croisées sur la poitrine, les yeux levés au ciel. A gauche, au premier plan, un ange, dont on ne voit que le buste, présente au Saint le chapeau qui lui est destiné.

Acheté par la Ville en 1860. — Provient du cabinet de M. Robert Brown.

659. Portrait de la femme du doge Giustiniani.

H. 1,23. — L. 1,00. — T. — Fig. de gr. nat.

Elle est représentée jusqu'aux genoux, debout et de face; elle est vêtue d'une robe de velours rouge et tient un gant de la main droite.

Collection Lacaze. 1829.

660. Portrait de femme.

H. 1,24. — L. 1,00. — T. — Fig. à mi-corps de gr. nat.

Jeune femme assise dans un fauteuil en bois sculpté et vêtue d'une robe à ramages.

Collection Lacaze. 1829.

661. Vénus endormie.

H. 0,48. — L. 1,00. — T. — Fig. de 0,92.

La déesse repose sur des draperies violettes. Le bras gauche est relevé au-dessus de la tête; elle tient une flèche de la main droite.

Collection Lacaze. 1829.

662. *Vénus aux forges de Vulcain.*
H. 0,34. — L. 0,44. — T. — Fig. de 0,32.

Vénus, debout, ayant près d'elle un amour, semble parler à Vulcain, qui est assis et tient un outil de forgeron.

Collection Lacaze. 1829.

ÉCOLES

FLAMANDE, HOLLANDAISE ET ALLEMANDE

---

663. *Nativité*. — *Adoration des Anges.*
H. 1,74. — L. 1,33. — T. — Fig. pet. nat.

A gauche, la Vierge à genoux, les mains croisées sur la poitrine, considère son fils étendu devant elle dans un berceau rustique. A droite, deux anges en adoration.

Donné par l'État en 1803.

664. *Portrait d'homme*. — *Forme ovale.*
H. 0,43. — L. 0,31. — B. — Buste de gr. nat.

Ce personnage, représenté de face, est vêtu de noir et porte une large collerette plissée.

Donné par l'État en 1803.

665. *Paysage avec animaux.*
H. 0,38. — L. 0,47. — B.

Au premier plan, des vaches, des chèvres et des moutons sont réunis sur le bord d'un ruisseau. Plus loin, à droite, on voit une chaumière devant laquelle sont deux saules et quelques animaux.

Legs de M. Oldekop en 1858.

666. *Marine et Monuments.*
H. 0,61. — L. 1,00. — T. — Fig. de 0,07.

A gauche, un monument précédé d'un péristyle; plus loin, un portique, un kiosque et des arbres. A droite, la mer ou l'embouchure d'un fleuve et, sur le rivage, un rocher en forme d'arche surmonté d'une tour. Çà et là quelques embarcations. Plusieurs personnages diversement occupés animent les premiers plans du tableau.

Collection Lacaze. 1829.

667. *Paysage.*

H. 0,59. — L. 0,78. — T. — Fig. de 0,03.

Au premier plan, un buisson et un tronc d'arbre brisé; vers la gauche, un rocher couvert de végétation et formant une arche, au pied de laquelle sont représentés plusieurs personnages. Dans le fond, à droite, on aperçoit la mer, quelques maisons et des montagnes escarpées.

Collection Lacaze. 1829.

668. *Deux Enfants jouant ensemble.*

H. 0,37. — L. 0,53. — B. Forme ovale. — Fig. de 0,30.

Legs de M. Duffour-Dubergier en 1864.

On trouve sur ce tableau une signature presque entièrement effacée, qui pourrait être celle de Willem Schacken.

669. *Une Pieta.*

H. 0,77. — L. 2,29. — B. — Fig. de 0,70.

Au centre du panneau, la Vierge assise sous un dais enrichi d'ornements bruns sur fond d'or tient sur ses genoux le corps inanimé de Jésus-Christ. A gauche, saint Sébastien, saint Siméon et sainte Barbe; à droite, saint André et sainte Catherine.

Ce tableau, qui provient de la chapelle des fonts baptismaux de l'église Sainte-Croix, est entouré d'un cadre en bois uni et peint, sur lequel on voit diverses inscriptions en lettres dorées. Sur la traverse supérieure, on lit : *Hæc pictura facta fuit anno Domini ab incarnatione millesimo quadringentesimo sexagesimo nono et fecit cam fieri Guillermus Nicolla C...... de Lentade in Dei genitricis Mariæ ac ejus filii honorem pro ejus...* Le montant de droite, sur lequel se trouvait la fin de cette inscription, n'existe plus. Sur la traverse inférieure, on lit les noms des différents personnages du tableau. Ces noms sont tracés de la manière suivante : *Sancta Barbara, sancte Symeon, sancte Sebastiane, Jesus, Maria, sanctus Andreas, sancta Catharina.* Le montant de gauche, sur lequel on distingue quelques fragments de lettres, contenait le nom de l'auteur : *Hans. Clot... M... fecit.*

Donné au Musée par la Fabrique de l'église Sainte-Croix en 1838.

670. *Paysage.*

H. 0,69. — L. 0,91. — B. — Fig. de 0,06.

A gauche, une forêt traversée par un chemin qui

descend jusqu'au bord d'un ruisseau. Un troupeau de vaches et de moutons vient s'abreuver dans le cours d'eau où s'apprête à le traverser. A droite, deux saules. A l'horizon, des montagnes.

Collection Lacaze. 1829.

671. *Paysage.*

H. 0,75. — L. 1,10. — B. — Fig. de 0,06.

Plusieurs groupes d'arbres au bord d'une rivière où viennent s'abreuver des vaches et des brebis. A gauche du tableau, un homme et une femme causent ensemble. Sur le sol, des troncs d'arbres coupés.

Collection Lacaze. 1829. — Signé d'un monogramme et daté.

672. *Paysage.*

H. 0,50. — L. 0,69. — B. — Fig. de 0,05.

Près d'un bois, placé à gauche du tableau, coule une petite rivière que traverse un troupeau de vaches et de moutons conduit par un berger.

Collection Lacaze. 1829. — Signé d'un monogramme.

673. *Paysage.*

H. 0,70. — L. 0,92. — B. — Fig. de 0,07.

A droite, une forêt; à gauche, deux arbres, au pied desquels est un berger qui garde son troupeau. Au centre, une mare vivement éclairée.

Collection Lacaze. 1829. — Signé d'un monogramme.

Les quatre tableaux qui précèdent étaient antérieurement attribués à J. RUÏSDAEL. Malgré les monogrammes qu'on y trouve, nous n'avons pas cru devoir maintenir cette attribution.

674. *Portrait.*

H. 0,53. — L. 0,40. — B. — Buste de gr. nat.

Personnage vu de trois quarts, portant toute sa barbe, coiffé d'une calotte brodée d'or, vêtu d'un justaucorps rouge, dont le collet est entr'ouvert, et d'un pourpoint orné de fourrures. Au bas du panneau, on trouve l'inscription suivante en allemand: *Voici mon portrait à l'âge de trente et un ans et dix mois.*

Legs de M. Duffour-Dubergier en 1861.

675. *Paysage.*

H. 0,67. — L. 0,85. — T. — Fig. de 0,04.

Au premier plan, l'entrée d'une forêt; à côté, un pont

rustique, sur lequel passe un homme portant un fardeau et vers lequel se dirigent deux cavaliers suivis d'un chien. Plus loin, une rivière au fond d'une vallée. A l'horizon, des montagnes.

Collection Lacaze. 1829.

676. *Nature morte.*

H. 0,85. — L. 0,74. — T.

Un poisson accroché à un arbre. Sur le sol, d'autres poissons plus petits, à côté d'un crabe cuit et d'huîtres ouvertes et fermées.

Collection Lacaze. 1829.

On trouve sur ce tableau, précédemment attribué à Van der Kabel, les traces à peine visibles d'une signature commençant par une L.

677. *Paysage.*

H. 0,67. — L. 0,73. — T. — Fig. de 0,03.

Sur le devant du tableau, des plantes à larges feuilles, parmi lesquelles on distingue des tiges de chardons. A droite, une suite de rochers formant un coteau qui fuit vers le fond. A gauche, un torrent sur les bords duquel on voit trois personnages, dont l'un tient un filet.

Collection Lacaze. 1829. — Signé d'un monogramme et daté.

ÉCOLE FRANÇAISE

678. *Jésus donnant les Clefs à saint Pierre.*
H. 2,44. — L. 0,87. — B. — Fig. de gr. nat.

Le Christ, debout, appuyé sur une croix et entouré des apôtres, donne les clefs du paradis à saint Pierre, qui est agenouillé devant lui. Dans le ciel on voit des anges qui soutiennent une série de médailles représentant les successeurs de saint Pierre.

Donné par l'État en 1803.

679. *Portrait de Jacques d'Augeard.*
H. 1,28. — L. 1,00. — T. — Fig. de gr. nat.

A droite du tableau, on lit l'inscription suivante: *Messire Jacques d'Augeard, conseiller d'Etat et président de l'édit de Guyenne, âgé de 44 ans. 1642.* — Ce personnage est représenté jusqu'aux genoux, assis et portant le costume de sa charge.

Ce portrait vient de l'ancienne Académie de Peinture de Bordeaux.

680. *Portrait de M. de Tourny.*
H. 0,85. — L. 0,74. — T. — Fig. de gr. nat.

Il est représenté de face, à mi-corps, la main droite placée sur une table.

Acheté par la Ville en 1847.

681. *Portrait d'un Homme qui écrit.*
H. 1,18. — L. 0,92. — T. — Fig. de gr. nat.

Ce tableau provient de l'ancienne Académie de Peinture de Bordeaux.

ÉCOLE FRANÇAISE.

682. *Portrait du roi Louis XVIII.*

H. 2,37. — L. 1,64. — T. — Fig. de gr. nat.

Donné au Musée en 1848.

683. *Nature morte.*

H. 0,54. — L. 0,46. — B.

Une perdrix suspendue.

Collection Lacaze. 1829.

684. *Paysage avec figures peint sur soie et fixé sur verre.*

H. 0,25. — L. 0,31. — Fig. de 0,07.

Deux enfants assis au pied d'un arbre.

Donné par M. Guiraud en 1857.

685. *Portrait d'un Vieillard.*

H. 0,79. — L. 0,65. — T. — Buste de gr. nat.

Ce personnage est vêtu d'un manteau rouge et a la main droite appuyée sur la poignée d'une épée.

Legs de M. Duffour-Dubergier en 1861.

686. *Portrait d'homme. — Costume religieux.*

H. 0,78. — L. 0,63. — T. — Buste de gr. nat.

Donné par M. R. de Gernon en 1868.

687. *Jésus guérissant les paralytiques.*

H. 0,77. — L. 1,09. — T. — Fig. de 0,37.

Au centre du tableau, Jésus, entouré de ses disciples et debout sur les marches d'un temple, guérit des paralytiques qui implorent son assistance.

Acheté par la Ville en 1860.

688. *Vue prise à Bordeaux au XVIIIe siècle. — Le Château-Trompette.*

H. 0,42. — L. 0,48. — T.

Acheté par la Ville en 1868.

689. *Paysage.*

H. 0,40. — L. 0,30. — T. de forme ovale. — Fig. de 0,04.

Soleil couchant. Rochers et cours d'eau formant une cascade. Au premier plan, deux pêcheurs.

Légué à la Ville par Mme Vve Poitevin en 1880.

690. *Paysage*.

H. 0,27. — L. 0,32. — T. de forme ovale. — Fig. de 0,02.

Rochers en forme d'arche, au bord d'une mer tranquille.

Légué à la Ville par Mme *V*^{ve} *Poitevin en 1880.*

691. *Paysage*.

H. 0,26. — L. 0,32. — T. de forme ovale. — Fig. de 0,02.

Site accidenté, ciel orageux. Plusieurs figurines aux abords d'une caverne, dont on voit l'entrée au pied d'un massif de rochers.

Légué à la Ville par Mme *V*^{ve} *Poitevin en 1880.*

SCULPTURES

SCULPTURES

BARTOLINI, *né à Florence.*

692. *Bergeret (Pierre).*
Buste, plâtre. — De gr. nat.
Donné par Mme Vve Bergeret en 1863.

BARYE (ANTOINE-LOUIS), *né à Paris.*

693. *Tigre et Antilope.*
H. 0,33. — L. 0,52. — Bronze.

694. *Cerf et Panthère.*
H. 0,36. — L. 0,52. — Bronze.

695. *Thésée et le Minotaure.*
H. 0,45. — L. 0,25. — Bronze.

Ces trois bronzes ont été achetés par la Ville à l'exposition de la Société des Amis des arts de Bordeaux en 1855.

696. *Charles VII.*
H. 0,28. — Bronze doré.

Donné au Musée en 1865 par les héritiers de M. T. B. G. Scott, ancien consul d'Angleterre et fondateur de la Société des Amis des arts de Bordeaux.

BOIZOT (LOUIS-SIMON), *né en 1748, mort en 1809.*

697. *Guillaume Tell.*
H. 0,31. — Buste en porcelaine.
Donné par M. Doucet en 1805.

7

BONHEUR (Isidore), *né à Bordeaux.*

698. *Une Vache défendant son veau contre un loup.*

H. 0,38. — L. 0,95. — Bronze.

Acheté par la Ville à l'exposition de la Société des Amis des arts de Bordeaux en 1858.

BOSIO (Joseph-François), *né à Monaco en 1769, mort à Paris en 1845.*

699. *Jeune Fille cueillant des fleurs.*

Statue, plâtre. — De gr. nat.

Donnée par M. Delécluze en 1853.

BOURGEOIS (Maximilien), *né à Paris.*

700. *Mercure.*

Statue, marbre. — De gr. nat.

Donnée par l'État en 1879.

CAMBOS (Jules), *né à Castres.*

701. *La Cigale.*

Statue, marbre. — De gr. nat.

Donnée par l'État en 1868.

DANTAN (Antoine-Laurent), *né à Saint-Cloud (Seine-et-Oise).*

702. *Italienne jouant du tambourin.*

Statue, bronze. — Pet. nat.

Donnée par l'État en 1863.

DELAISTRE, *né en 1745, mort en 1831.*

703. *Phocion.*

Statue, marbre. — De gr. nat.

Donnée par l'État en 1824.

DESEINE.

704. *Montaigne.*

Buste, marbre. — De gr. nat.

Donné par l'État en 1819.

DESPREZ (Louis), *né à Paris le 7 juillet 1799, mort dans la même ville au mois d'octobre 1870.*

705. *Brascassat (Raymond).*
>> Buste, marbre. — De gr. nat.
>> Donné au Musée en 1872, par la Commission des souscripteurs au buste de Brascassat.

EUDE (Louis-Adolphe), *né à Arès (Gironde).*

706. *L'Écho de la flûte.*
>> Statue, marbre. — De gr. nat.
>> Donnée par l'État en 1871.

GOURDON.

707. *Achille.*
>> Statue, marbre. — De gr. nat.
>> Donnée par l'État en 1814.

HOURSOLLE (Pierre), *né à Bordeaux en 1853, mort en 1876.*

708. « *Cet âge est sans pitié.* »
>> Statue, marbre. — De gr. nat.
>> Donnée par l'État en 1879.

JOUANDOT (Amédée), *né à Bordeaux.*

709. *Le Repos éternel.*
>> Statue, plâtre. — De gr. nat.
>> Donnée à la Ville par l'auteur en 1881.

LAGNIER (Jean-Pierre), *né à Bordeaux.*

710. *Une Corbeille de fleurs.*
>> Haut-relief. — Bois.
>> Acheté par la Ville à l'exposition de la Société des Amis des arts de Bordeaux en 1856.

LEGENDRE HÉRAL.

711. *Eurydice.*
>> Statue, marbre. — Pet. nat.
>> Donnée par l'État en 1836.

7.

LEMOT, *né à Lyon le 4 novembre 1773, mort à Paris le 6 mai 1827.*

712. *Apollon.*

Statue, marbre. — Plus gr. que nat.
Donnée par l'État en 1833.

LEMOYNE (JEAN-LOUIS), *né à Paris en 1665, mort dans la même ville le 4 mai 1755.*

713. *Pierre-Michel, seigneur Duplessy, architecte et ingénieur du roi à Bordeaux, vers 1670.*

Buste, marbre. — De gr. nat.
Appartenait primitivement à la Ville.

LEMOYNE (JEAN-BAPTISTE), *né à Paris en 1704, mort dans la même ville le 25 mai 1778.*

714. *Montesquieu (Charles de Secondat, baron de).*

Buste, marbre. — De gr. nat.
Entré au Musée en 1879.

Ce buste, qui vient de la Bibliothèque de la Ville, a été exécuté, en 1767, par ordre du prince de Beauveau, gouverneur de la Guienne.

715. *Réduction en bronze de la statue de Louis XV, qui existait autrefois sur la place Royale et qui fut détruite en 1793.*

LEQUESNE (EUGÈNE-LOUIS), *né à Paris.*

716. *Faune dansant.*

Statue, plâtre. — Plus gr. que nat.
Donnée à la Ville par la Société des Amis des arts de Bordeaux en 1856.

MAGGESI (DOMINIQUE), *né à Carrare (Italie).*

717. *Giotto.*

Statue, marbre. — De gr. nat.
Donnée par M. Fieffé en 1840.

718. *Le Génie de la sculpture.*

Statue, marbre. — De gr. nat.
Achetée par la Ville en 1833.

719. Zénon.
> Buste, marbre. — D'après l'antique.

720. Le Maréchal Bugeaud.
> Buste, marbre. — De gr. nat.
> Commandé par la Ville en 1852.

721. Casimir Périer.
> Buste, marbre. — De gr. nat.
> Donné par M. Hourquebie en 1858.

722. Fonfrède.
> Buste, marbre. — De gr. nat.
> Commandé par la Ville en 1852.

723. Homère.
> Buste, marbre. — D'après l'antique.

724. M. de Tourny.
> Buste, marbre. — De gr. nat.
> Commandé par la Ville en 1852.

MANIGLIER (Henri-Charles), *né à Paris.*

725. Un Berger jouant de la flûte.
> Statue, marbre. — De gr. nat.
> Donnée par l'État en 1869.

MANSION.

726. Cydippe.
> Statue, marbre. — Pet. nat.
> Donnée par l'État en 1819.

POTIÉ (Mme Albain), *née le 26 juillet 1830 à La Rochelle, morte à Bordeaux le 12 juin 1863.*

727. Étude de chien.
> Plâtre. — Pet. nat.
> Donnée par M. et Mme Allenet-Marais en 1877.

PUGET (D'après Pierre), *né à Marseille en 1625, mort dans la même ville le 2 décembre 1694.*

728. Milon de Crotone.
> H. 0,96. — Réduction en bronze de la statue originale.
> Donnée par l'État en 1835.

RAGGI.

729. *Louis XVI.*

Statue colossale, bronze. — H. 6m50.

Fondue à Paris en 1829 par C. Crozatier; transportée à Bordeaux en 1869; placée au Musée en 1877.

RENAUD (Alexandre), *né à Dijon.*

730. *Serment civique (Constitution de l'an III).*

Bas-relief, plâtre. — H. 0,33. — L. 1,65. — Fig. de 0,30.

Acheté par la Ville en 1858.

SAINT-VIDAL (Francis de), *né à Milan.*

731. *Beethoven.*

Buste, bronze. — De gr. nat.

Acheté par la Ville à l'exposition de la Société des Amis des arts de Bordeaux en 1875.

SANTA-COLOMA (Emmanuel de), *né à Bordeaux.*

732. *Cavalier espagnol.*

Statuette, bronze. — H. 0,52.

Achetée par la Ville à l'exposition de la Société des Amis des arts de Bordeaux en 1865.

VIDAL.

733. *Cerf mourant.*

Bronze. — H. 0,25.

Donné par M. Redon en 1870.

734. *Laocoon. — Minerve. — Castor et Pollux. — Le Génie suppliant. — Le Joueur de flûte. — Euterpe.*

Ces statues, reproductions en plâtre des marbres antiques, sont placées, ainsi que plusieurs autres du même genre, à l'École de sculpture de la Ville et à la Mairie.

TABLE ALPHABÉTIQUE

DES ARTISTES

dont les ouvrages sont décrits ou dont les noms sont mentionnés dans ce Catalogue.

	Pages.
ACHENBACH (André)	67
ALAUX (Jean), dit le Romain	123
ALAUX (Jean-Paul)	123
ALDAN DE LESGALERY (Jean-Jacques)	124
ALBANI (Francesco)	19
ALIENSE. — *Voir* Vassilacchi	
ALIGNY (Claude-Théodore-Caruelle d')	124
ALLEGRI (Antonio)	19
AMERIGHI (Michel-Angiolo)	20
ANDRÉ (Jules)	125
ANDREA DEL SARTO. — *Voir* Vannucchi.	
ANSIAUX (Jean-Joseph)	125
ANTIGNA (Jean-Pierre-Alexandre)	125
ARPINO (il cavaliere d'). — *Voir* Cesari.	
ARTHOIS (Jacques d')	67
ASSELYN (Jan)	68
AUGUIN (Louis-Augustin)	126
BACCUET (Prosper)	126
BACKUYSEN (Ludolf)	68
BALAT (Jacques-Cristophe-Paul)	126
BARBARELLI (Giorgio)	21
BARBIERI (Giovanni-Francesco)	21
BARTOLINI	217
BARTOLOMMEO (Fra) del Fattorino	21
BARYE (Antoine-Louis)	217
BASSAN. — *Voir* Ponte.	
BASTIANO DEL PIOMBO. — *Voir* Luciano.	
BAUDIT (Amédée)	126
BAUDOIN. — *Voir* Boudewins.	
BAUDRY (Paul-Jacques-Aimé)	127
BAZIRE	127
BEAULIEU (Anatole-Henry de)	127
BECCARD (Jan van)	69

MUSÉE DE BORDEAUX.

	Pages.
Beck (Van)..	69
Beerstraten (Jan)...................................	69
Bega (Kornelis).......................................	70
Beich (Joachim-François)...........................	70
Bellangé (Joseph-Louis-Hippolyte).................	128
Bello-Marco...	22
Benedetto (il). — *Voir* Castiglione.	
Bergeret (Pierre-Nolasque).........................	128
Berghem (Nicolaas)...................................	70
Bernasconi (Laura)...................................	22
Berrettini (Pietro) da Cortona.....................	22
Berthon (René-Théodore).............................	130
Bibiena (da). — *Voir* Galli.	
Bigio. — *Voir* Lombardo.	
Bois (Corneille du)...................................	71
Boizot (Louis-Simon).................................	217
Bolognini (Giovanni-Battista).......................	23
Bonaventure. — *Voir* Peeters.	
Bonheur (François-Auguste).........................	130
Bonheur (Isidore)....................................	218
Bonheur (Mlle Marie-Rosa)..............	130
Bonvicino (Alessandro)..............................	23
Bonzi (Pietro-Paolo)................................	24
Bordone (Paris).....................................	24
Bosio (Joseph-François)............................	218
Both (Jan)..	24
Botticelli (Sandro). — *Voir* Filipepi.	
Boucher (François)..................................	131
Boudewyns (Anton-Franz)............................	71
Bouguereau (William-Adolphe).......................	131
Boulanger (Clément).................................	132
Boulogne (Bon).......................................	132
Boulogne (Louis)....................................	133
Bounieu (Michel-Honoré)............................	133
Bourgeois (Maximilien).............................	218
Bourguignon. — *Voir* Courtois.	
Bout (Pierre).......................................	71
Brakenburgh (Richard)..............................	72
Brandi (Domenico)..................................	24
Brascassat (Jacques-Raymond)......................	134
Brauwer (Adriaan)...................................	72
Breemberg (Bartholomeus)..........................	73
Breughel (Abraham).................................	73
Breughel (Johann)...............................	74, 99
Briant (Jean)......................................	135
Bril (Paulus)......................................	74
Brize (Corneille)..................................	75
Bronzino (Angiolo di Cosimo, dit)................	25
Brouwer. — *Voir* Brauwer.	
Brown (John-Lewis)................................	135
Brun (Charles le)..................................	136
Brun (Mme Elisabeth-Louise Vigée le)...	136

TABLE ALPHABÉTIQUE.

Pages.

Burgade (Louis-Émile) 137
Cabat (Louis) 137
Calabrèse. — *Voir* Preti.
Caliari (Paolo) 25
Cambos (Jules) 218
Camphuysen (Théodore) 86
Caravaggio (il). — *Voir* Amerighi.
Cardi (Lodovico) 27
Caresme (Philippe) 137
Carpioni (Giulio) 27
Carracci (Annibale) 28
Carracci (Lodovico) 28
Carrache (Le). — *Voir* Carracci.
Carrey (Jacques) 137
Casanova (François) 138
Casey (Daniel) 139
Castelli (Valerio) 28
Castiglione (Giovanni-Benedetto) 29
Cavedone (Jacopo) 29
Celesti (Andrea) 29
Cerquozzi (Michel-Angelo) 30
Cesari (Giuseppe) 30
Chabry (Léonce) 139
Chaigneau (Jean-Ferdinand) 139
Champaigne (Philippe de) 75
Chaplin (Charles-Josuah) 140
Ciccio (l'Abate). — *Voir* Solimena.
Cigoli (da). — *Voir* Cardi.
Clerc (Sébastien Le) 140
Clouet (François) 140
Cogniet (Léon) 141
Colin (François) 141
Constant (Benjamin) 142
Contant (Jules) 142
Coosemans (Alexis) 75
Corneille (Michel) 133
Corot (Jean-Baptiste-Camille) 143
Corrège. — *Voir* Allegri.
Cortone (Pietre de). — *Voir* Berrettini.
Cosson 108
Cottrau (F.) 143
Court (Joseph-Désiré) 143
Courtois (Jacques) 143
Cousin (Jean) 144
Coypel (Antoine) 144
Coypel (Noël) 145
Cranach (Lucas Sunder, dit) 76
Credi (Lorenzo di) 31
Curbau (Guillaume) 145
Curzon (Paul-Alfred Parent de) 145
Cuyp (Aalbert) 76
Cuyp (Benjamin) 76, 77

	Pages
DAEL (Jean-François van)	179
DALENS (Dirck Thierry van)	77
DALSOLE. — *Voir* Sole.	
DANTAN (Antoine-Laurent)	218
DAUBIGNY (Charles-François)	146
DAUZATS (Adrien)	146
DEDREUX (Alfred)	147
DEDREUX-DORCY (Pierre-Joseph)	147
DELACROIX (Ferdinand-Victor-Eugène)	147
DELAISTRE	218
DELLAVECCHIA. — *Voir* Vecchia.	
DE MARNE. — *Voir* Marne.	
DEMAY	148
DESEINE	218
DESPERIERS (Mme)	148
DESPREZ (Louis)	219
DEVILLY (Louis-Théodore)	149
DEVRIES. — *Voir* Vries.	
DIAZ DE LA PENA (Narcisse-Virgile)	149
DIEPENBEEK (Abraham van)	77
DIETRICH (Christian-Wilhelm-Ernst)	77, 78, 104
DIETRICH (Johann)	78
DIETRICY. — *Voir* Dietrich.	
DOES (Jakob van der)	79
DORIGNY (Louis)	149
DOUARD (Ulysse)	150
DROLLING (Michel-Martin)	150
DROUYN (François-Joseph-Leo)	150
DUBBELS (Henri)	79
DUBOIS-DRAHONNET (Alexandre-Jean)	150
DUCLAIRCQ (Jean)	151
DUGHET (Gaspre)	31
DUJARDIN (Karel). — *Voir* Jardin.	
DUPAVILLON	151
DURAND (Cyrile)	151
DURAND-BRAGER (Henri)	151
DUVAL-LECAMUS (Pierre)	152
DUVERGER (Théophile-Emmanuel)	152
DYCK (Anton van)	80
EECKHOUT (Gerbrandt van den)	82
EISEN (Charles)	152
ELLINGER (Othmar)	82
ELZHEIMER (Adam)	82
ESPAGNOLET. — *Voir* Ribera.	
ESTEBAN. — *Voir* Murillo.	
EUDE (Louis-Adolphe)	219
EVERDINGEN (Aldert van)	83
EYSEN. — *Voir* Eisen.	
FARINATI (Paolo)	32
FELON (Joseph)	153
FERDINAND (Louis-Elle)	154
FERRANDIZ (Bernardo)	32

TABLE ALPHABÉTIQUE.

	Pages.
Ferrari (Luca)	33
Feytaud (Mme Tavel)	154
Filipepi (Alessandro)	33
Fiori (Mario di). — *Voir* Nuzzi.	
Flaminio. — *Voir* Torre.	
Flandrin (Jean-Paul)	154
Fontana (Lavinia)	33
Fouquières (Jakob)	83
Fra Bartolommeo. — *Voir* Bartolommeo.	
Fra Bastiano. — *Voir* Luciano.	
Français (François-Louis)	154
Franceschini (Baldassare)	34
Franck (Franz)	83, 85
Francia. — *Voir* Raibolini.	
Frate (il). — *Voir* Bartolommeo.	
Fyt (Johannes)	85
Gaddi	35
Galard (Gustave de)	154
Galard (Georges de)	155
Galle (Hieronimo)	85
Gamelin (Jacques)	155
Gasparo Poussin. — *Voir* Dughet.	
Gassies (Jean-Bruno)	155
Gedam	85
Gellée (Claude)	156
Gennari (Benedetto)	35
Gérard (François)	156
Gérard (Marguerite)	157
Géricault (Théodore)	157
Gernon (Edouard de)	158
Gérôme (Jean-Léon)	158
Gerrit Pietersz.	86
Gibert (Antoine-Placide)	158
Gigoux (Jean-François)	159
Gintrac (Jean-Louis)	160
Giordano (Luca)	35
Giorgion. — *Voir* Barbarelli.	
Girault (Alcide)	161
Gobbo di Caracci. — *Voir* Bonzi.	
Gonzalès	161
Gorin (Stanislas)	161
Goupil (Lucien-Léon)	161
Gourdon	219
Govaerts (A.)	85, 86
Goya y Lucientes (Don Francisco)	36
Goyen (Jan van)	86
Goyvaerts (Abraham)	86
Granger (Jean-Périn)	162
Grebber (Pieter)	87
Grechetto (il). — *Voir* Castiglione.	
Griffier (Jan)	87
Grimou (Alexis)	162

MUSÉE DE BORDEAUX.

	Pages
GROS (Antoine-Jean, baron)	163
GUDIN (Théodore)	163
GUÉ (Julien-Michel)	164
GUÉ (Jean-Marie-Oscar)	164
GUERCINO (il) ou LE GUERCHIN. — *Voir* Barbieri.	
GUÉRIN (Pierre-Narcisse)	165
GUIDO ou LE GUIDE. — *Voir* Reni.	
GUILLAUME (Didier)	166
GUILLON. — *Voir* Lethière.	
HALS (Frans)	88
HARDIMÉ (Simon)	88
HARPIGNIES (Henri)	166
HAUTE (Jean-Baptiste)	166
HECKOUT. — *Voir* Eeckhout.	
HEEM (Jan-Davidz de)	89
HEER (Marguerite de)	89, 101
HEIM (François-Joseph)	166
HÉMET (Adolphe)	167
HERMAN D'ITALIE. — *Voir* Swanevelt.	
HOBBEMA (Meindert)	89, 90
HOLBEIN (Hans)	90
HONTHORST (Gérard)	90
HOURSOLLE (Pierre)	219
HUET (Paul)	167
ISABEY (Louis-Gabriel-Eugène)	167
JABIOT (Jacques-Edouard)	167
JANECK	90, 91
JARDIN (Karel du)	91
JOLIVARD (André)	168
JOSEPIN (Le). — *Voir* Cesari.	
JOUANDOT (Amédée)	219
JOUY (Joseph-Nicolas)	168
KABEL (Adrian van der)	211
KESSEL (Johan van)	92
KINSON (François-Joseph)	92
KLOMP (Aalbert)	92
KOBELL (Jan)	93
KOLEN (W.)	93
KRANACH. — *Voir* Cranach.	
KUYP. — *Voir* Cuyp.	
LACOUR (Antoine)	171
LACOUR (Pierre)	168
LACROIX (de)	171
LAGNIER (Jean-Pierre)	219
LAGRENÉE (François)	131
LAIRESSE (Gérard de)	93
LALANNE (Maxime)	172
LALLEMAND (Jean-Baptiste)	172
LAMBERT (Pierre-Edouard)	173
LANCRET (Nicolas)	173
LANFRANCO (Giovanni di Stefano)	36
LANSAC (François-Emile de)	173

TABLE ALPHABÉTIQUE.

Pages.

Lapito (Louis-Auguste).................................. 173
Larivière (Charles-Philippe de)........................ 174
*Latour (Maurice Quentin de).......................... 174
Laugée (François-Désiré).............................. 174
Lauras (Mme)...................................... 175
Lauri (Filippo).. 37
Lavinia. — *Voir* Fontana.
Lazzarini (Gregorio)................................... 37
Le Brun (Charles). — *Voir* Brun (Charles Le).
Le Brun (Mme Vigée). — *Voir* Brun (Mme Vigée Le).
Le Clerc. — *Voir* Clerc (Le).
Legendre Héral... 219
Legi (Jacques)... 37
Le Maire Poussin. — *Voir* Maire Poussin (Le).
Lemot.. 220
Lemoyne (Jean-Louis)................................... 220
Lemoyne (Jean-Baptiste)................................ 220
Le Prince. — *Voir* Prince (Le).
Lequesne (Eugène-Louis)................................ 220
Lesgallery. — *Voir* Alban de Lesgallery.
Le Sueur. — *Voir* Sueur (Le).
Lethière (Guillaume-Guillon)........................... 175
Libbri (Pietro).. 38
Licinio (Giulio)....................................... 38
Lingelbach (Johannes).................................. 94
Loir (Marianne).. 175
Lombardo (Bigio)....................................... 38
Lonsing (François-Louis)............................... 176
Loo (Charles-André, *dit* Carle van)................... 176
Loon (van)... 94
Looten (Jan)... 94
Lorenzino da Bologna. — *Voir* Sabatini.
Lorrain. — *Voir* Gellée.
Loth (Jean-Charles).................................... 95
Loutherbourg. — *Voir* Lutherburg.
Luca de Reggio. — *Voir* Ferrari.
Lucas Sunder. — *Voir* Cranach.
Lucatelli (Andrea)................................. 39, 156
Luciano (Sebastiano di)................................ 39
Luminais (Évariste-Vital).............................. 177
Lutherburg (Philippe-Jacques).......................... 95
Maderno (Giovanni-Battista)............................ 40
Maes (Nicolaas).. 96
Maggesi (Dominique).................................... 220
Maire Poussin (Pierre Le).............................. 177
Maniglier (Henri-Charles).............................. 221
Mans (F.-H.)... 96
Mansion.. 221
Marandon de Montyel (Ferdinand)........................ 177
Maratti (Carlo).. 40
Marcellis (Otho)....................................... 96
Marne (Jean-Louis de).................................. 178

	Pages
Martineau (Philadelphe)	178
Martinotti (Giovanni-Evangelista)	40
Mauzaisse (Jean-Baptiste)	178
Medard (Virg...)	179
Medola. — *Voir* Schiavone.	
Meel (Jan)	97
Memmi (Filippo)	40
Menjaud (Alexandre)	179
Meulen (Anton-Franz van der)	97
Meynier (Charles)	179
Mialhe (Pierre-Toussaint-Frédéric)	180
Michel Angelo delle Battaglie. — *Voir* Cerquozzi.	
Miel. — *Voir* Meel.	
Mieris (Willem van)	97
Mignard (Pierre)	180
Millet (Jean-Francisque)	181
Molenaer (Kornelis)	98
Molyn (Pieter)	98
Mommers (Henri)	98
Momper (Joeys de)	99
Monfallet (Adolphe-François)	181
Monti (Francesco)	41
Monvoisin (Raymond-Auguste-Quinsac)	181
Moretto (il). — *Voir* Bonvicino.	
Morigi. — *Voir* Amerighi.	
Moucheron (Frédérik)	99
Mouchot (Louis)	182
Moya (Pedro)	41
Murillo (Bartolomé-Esteban)	41
Natoire (Charles-Joseph)	182
Nattier (Jean-Marc)	182
Navlet (Victor)	183
Neer (Aart van der)	100
Nuvoloni (Francesco)	43
Nuzzi (Mario)	22
Orbetto. — *Voir* Turchi.	
Ouvrié (Justin)	183
Overschie (Peeter van)	101
Padovinano (il). — *Voir* Varotari.	
Palamedes. — *Voir* Stevens.	
Pallière (Armand-Julien)	183
Pallière (Jean-Léon)	184
Pallière (Louis-Vincent-Léon)	183
Palma (Jacopo, *dit* il Giovine)	44
Palma (Jacopo, *dit* il Vecchio)	43
Palmezzani (Marco)	44
Panini (Giovanni-Paolo)	45
Papin (Jean-Adolphe)	184
Parrocel (Joseph)	185
Parbot (Philippe)	186
Paul Véronèse. — *Voir* Caliari.	
Pellegrini	45

TABLE ALPHABÉTIQUE.

	Pages.
Pellegrini (D^{co})...	46
Péraire (Paul-Emmanuel)...	186
Perrault (Léon)...	186
Perugin. — *Voir* Vannucci (Pietro).	
Peters (Bonaventure)...	101
Peters (Jan)...	102
Peutman (Pieter)...	102
Picot (François-Edouard)...	186
Pietre de Cortone. — *Voir* Berrettini.	
Pillement (Jean)...	186
Pils (Isidore)...	187
Pœlenburg (Kornelis)...	102
Poitevin (Alexandre)...	187
Ponte (Jacopo da)...	46
Porion (Charles)...	188
Potié (Mme Albain)...	188, 221
Potter (Paulus)...	103
Poussin (Nicolas)...	188
Pradelles (Hippolyte)...	189
Preti (Mattia)...	47
Prince (A. Xavier Le)...	189
Priou (Louis)...	190
Procaccini (Camillo)...	47
Procaccini (Giulio-Cesare)...	48
Prud'hon (Pierre)...	190
Puget (Pierre)...	221
Puyreniez (Fort)...	190
Querfurt (Augustin)...	103
Quinkhard (Jan-Mauritius)...	104
Raffaello Sanzio. — *Voir* Sanzio.	
Raggi...	222
Raibolini (Francesco)...	48
Ramade (Eugène)...	191
Rembrandt Van Ryn...	77, 104
Renaud (Alexandre)...	222
Reni (Guido)...	48
Restout (Jean)...	191
Ribera (Josef)...	49
Ricci (Marco)...	50
Ricci (Sebastiano)...	51
Richard (Théodore)...	191
Robert (Hubert)...	191
Robusti (Domenico)...	51
Robusti (Maria)...	51
Rode (Chrétien-Bernard)...	105
Rombout...	105
Roos (Philipp-Peter)...	106
Roqueplan (Camille-Joseph-Etienne)...	192
Rosa di Tivoli. — *Voir* Roos.	
Rosa (Salvator)...	52
Rottenhammer (Johann)...	106
Rubens (Peter-Paul)...	106

	Pages.
Ruïsdael (Salomon)	108
Sabatini (Lorenzo)	53
Sacchi di Pavia (Pier-Francesco)	53
Sacht ou Saft-Leeven. — *Voir* Zachtleven.	
Saint-Vidal (Francis de)	222
Salvator. — *Voir* Rosa.	
Sambat	192
Santa-Coloma (Emmanuel de)	222
Santerre (Jean-Baptiste)	193
Sanzio (Raphaello)	54
Sarto (Andrea del). — *Voir* Vannucchi.	
Sauvage (Piat-Joseph)	193
Savoyen (Charles van)	108
Schenck (Auguste-Frédéric-Albert)	109
Schiavone (Andrea)	54
Sebastiano del Piombo. — *Voir* Luciano.	
Serres (Antony)	193
Serrur (Henri-Auguste-César)	194
Siberechts (Jean)	109
Snyders (Franz)	77, 109
Sole (Giuseppe dal)	55
Solimena (Francesco)	55
Spada (Leonello)	56
Spinello (Aretino)	56
Steen (Jan van)	110
Stella (Jacques)	194
Stenwyck (Hendrick van)	110
Stevens (Palamedes)	110
Storck (Abraham)	111
Sueur (Eustache Le)	194
Swanevelt (Hermán van)	112
Tabar (François-Germain-Léopold)	195
Taillasson (Jean-Joseph)	195
Tassaert (Nicolas-François-Octave)	195
Tavella (Carlo-Antonio)	56
Tempesta (Antonio)	57
Teniers le jeune (David)	112
Teniers le vieux (David)	113
Ternus (Jean)	196
Teyssonnières (Pierre)	196
Théolon (Etienne)	131
Thirion (Eugène-Romain)	196
Thomire	196
Thulden (Van)	81
Tiarini (Alessandro)	57
Tibaldi. — *Voir* Pellegrini.	
Tiepolo (Giovanni-Battista)	58
Tilborgh (Gilles van)	113
Tintorella. — *Voir* Robusti (Maria).	
Titien, Tiziano. — *Voir* Vecellio.	
Toorenvliet (Jacques)	114
Torre (Flaminio)	58

TABLE ALPHABÉTIQUE.

	Pages.
Toul (N.)	196
Trevisani (Francesco)	58
Trézel (Pierre-Félix)	197
Troyon (Constant)	197
Turchi (Alessandro)	58
Vael (Cornelis van)	114
Vanloo. — *Voir* Loo (Carle van).	
Vanni (il cavaliere Francesco)	59
Vannucchi (Andrea)	59
Vannucci (Pietro)	59
Van Ryn. — *Voir* Rembrandt.	
Varotari (Alessandro)	60
Vasari (Giorgio)	60
Vassilacchi (Antonio)	61
Vecchia (Pietro della)	61
Vecellio (Tiziano)	61
Veen (Otho van)	114
Venius (Otto). — *Voir* Veen.	
Vernet (Claude-Joseph)	198
Vernet (Horace)	198
Véronèse (Alexandre). — *Voir* Turchi.	
Véronèse (Paul). — *Voir* Caliari.	
Verschuring (Henri)	86
Vertanghen (Daniel)	131
Vibert (Georges-Jean)	198
Vidal	222
Vien (Joseph-Marie)	199
Vincent (François-André)	199
Vliet (Hendrik van)	115
Vollerdt	115
Volterrano. — *Voir* Franceschini.	
Vranck. — *Voir* Franck.	
Vries (Renier van)	116
Wagner (Maria-Dorothée-Dietrich, Mme)	116
Walker (Robert)	116
Watelet (Louis-Étienne)	199
Waterloo (Antoine)	116
Weenix (Jan-Batist)	117
Wenix (Jan)	101, 117
Weiss (Maria del Rosario)	63
Wernnez (de)	200
Wille (Pierre-Alexandre)	200
Willmann (Michel)	118
Wouwerman (Pieter)	118
Zacht-Leven (Herman)	118
Zanchi (Antonio)	63
Zappi. — *Voir* Fontana.	
Zauftely (Jean)	119
Ziegler (Claude-Jules)	200
Ziem (Félix)	200

www.ingramcontent.com/pod-product-compliance
Lightning Source LLC
Chambersburg PA
CBHW060131170426
43198CB00010B/1115